Christentum und Gesellschaft:
Wovon wird unser Denken beeinflusst?

Jochen Klein

W0171062

Jochen Klein

Christentum und Gesellschaft

Wovon wird unser Denken beeinflusst?

Daniel

2., überarbeitete Auflage
© by Daniel-Verlag 2020
Gewerbegebiet 7, 17279 Lychen
Satz: Daniel-Verlag
Cover: Sonja Ivens
Druck: ARKA Druk, Polen

ISBN 978-3-935955-09-6

Inhaltsverzeichnis

Vorwort

Die Frage, ob Gott existiert oder nicht, würde für die Lebensplanung von Manfred Lütz von entscheidender Bedeutung sein. Diese Überzeugung hatte er nach dem Ende seiner Kindheit. Heute ist er Psychotherapeut, Arzt, Theologe, Bestsellerautor und Kenner der Philosophie und ergänzt: „Deswegen war es mir wichtig, die Sache mit aller Ernsthaftigkeit und Gründlichkeit anzugehen." So entschloss er sich, sich intensiv kundig zu machen. Damals in den 1970er Jahren sei er bereit gewesen, sich auch von Lehrern durch gute Argumente überzeugen zu lassen. Doch auf seine Fragen erhielt er keine befriedigenden Antworten, und gerade im Religionsunterricht, auf den er besonders gesetzt hatte, erlebte er seine größte Enttäuschung. Es wurde nämlich nicht versucht, seiner fragend-kritischen Haltung durch gute Argumente fundiert zu begegnen, sondern die Religionslehrer stimmten seiner Kritik am Christentum vorbehaltlos zu. Lütz erschien es damals so, als hätten die Lehrer beschlossen, die Schüler auf ihrer ganz sicher ernst gemeinten Suche nach Wahrheit einfach ins Leere laufen zu lassen. Die Folge davon sei gewesen, dass etliche Schüler dabei jeden Glauben verloren hätten. Auf konkretere Fragen habe der Religionslehrer stets ausweichend mit „Das ist ein Geheimnis" geantwortet. Lütz fasst zusammen: „Dass das alles irgend so ein wolkiges Geheimnis sei, an das man halt nur einfach irgendwie glauben sollte, das war entweder zu viel oder zu wenig für mich."[1]

---

1 Manfred Lütz: *Gott. Eine kleine Geschichte des Größten*, München (Pattloch) 2007, S. 91.

Dass die Frage nach Gott für einen Menschen eine große Rolle spielt, ist kein seltenes Phänomen, das nur oder besonders Jugendliche betrifft, sondern diese Frage ist für alle Menschen bedeutend. Und sie sollte jedem so wichtig sein, dass man sie – wie der junge Manfred – „mit aller Ernsthaftigkeit und Gründlichkeit" angeht.

Auf diesem Weg soll dieses Buch eine kleine Hilfe sein. Es möchte unter anderem zeigen, wie und auf welchem Weg man Gott finden kann und wie Menschen ihn im Lauf der Jahrhunderte gefunden haben. Deshalb werden einige wichtige Stationen in der Geschichte des Christentums nachgezeichnet. Zum besseren Verständnis ist es aber auch unerlässlich, auf Gegenbewegungen in der Gesellschaft einzugehen, die zu verhindern versuchten, dass die Botschaft des Christentums weiterverbreitet wurde.

Das Christentum und ihm entgegenstehende Philosophien hatten immer auch Auswirkungen auf das Denken und Handeln der Menschen und auf die Gesellschaft. Auch davon sollen einige zentrale Aspekte aufgezeigt werden – zum einen, damit man für sich persönlich die entsprechenden Lehren daraus ziehen kann, zum anderen, damit gesellschaftliche Entwicklungen, die beispielsweise dazu führten, dass die Botschaft des Christentums heute nach Meinung vieler Menschen offensichtlich eine geringe Rolle spielt, besser verständlich und nachvollziehbar werden. Und schließlich ist es für Christen wichtig, die Entwicklungen zu verstehen, um biblische Schlussfolgerungen daraus ziehen zu können (vgl. 1. Chronika 12,33). Wichtige Themen des Buches sind somit: die Auswirkungen des Christentums, die Bedeutung der Bibel, die Auswirkungen des Denkens der Aufklärung, die 1968er-Bewegung, die Postmoderne und aktuelle Entwicklungen in Bezug auf Glaube/Religion.

Über diese Themen existieren ganze Bibliotheken, sodass es fast unmöglich ist, sie in Kürze zufriedenstellend zu behandeln. Neben den vielen umfangreichen und oft sehr anspruchsvoll geschriebenen Büchern zu Teilthemen schien mir jedoch eine knappe, gerade für jüngere Leser geeignete Überblicksdarstellung zu fehlen. Das vorliegende Buch will besonders diese Zielgruppe auf möglichst leicht verständliche Weise in die Thematik einführen – in der Hoffnung, dass einige Gebiete für den Leser besonders interessant sind und er diese dann mit Hilfe weiterer Bücher vertieft. In christlichen (Internet-)Buchhandlungen findet man viel gute Literatur dazu. Deshalb habe ich mich bei den Literaturhinweisen auch darauf beschränkt, einige Titel zu nennen, die mir hilfreich erscheinen.

Wenn von „leicht verständlich" die Rede war, so ist dies natürlich nicht immer ohne Einschränkungen möglich, da ein solches Thema eine gewisse Bereitschaft zum Mitdenken erfordert. Begriffe, die eventuell nicht bekannt, aber in dem entsprechenden Zusammenhang wichtig sind, werden in einem Glossar am Ende des Buches erklärt. Sie sind beim ersten Vorkommen im Text durch ein Sternchen (*) markiert. Zu einigen zentralen Themen habe ich für Interessierte außerdem Vertiefungen oder Ergänzungen in Form von kleinen Exkursen hinzugefügt. Im Anhang am Ende des Buches sind noch weitere thematische Ergänzungen zu finden.

Um den Text möglichst korrekt, verständlich und angemessen gestalten zu können, haben etliche das Manuskript gelesen und mir wertvolle Hinweise gegeben. Herzlichen Dank dafür!

Die zweite Auflage, die nun vorliegt, ist überarbeitet, aktualisiert, ergänzt und erweitert worden.

Tringenstein, im Mai 2020

Jochen Klein
www.jochenklein.de

1. Das Christentum breitet sich aus

Viele Götter gab es bei den großen Völkern der Antike. So zum Beispiel bei den Ägyptern, Babyloniern, Medopersern, Griechen und Römern. Auch zur Zeit des Kaisers Augustus gab es viele im Römischen Reich. Traditionelle römische und griechische gehörten dazu, aber auch orientalische Kulte* und Schutzgeister. Hilfe suchte man ebenso bei Wahrsagern, Astrologen, Magiern oder dem Orakel*. Mit manchen Kulten ging auch sexuelle Ausschweifung einher.

Augustus hatte dafür gesorgt, dass 28 v. Chr. allein in Rom 82 Tempel der Götter wieder instand gesetzt wurden. Doch dann passierte etwas, das weitreichende Folgen haben sollte: Weit entfernt in der Provinz Judäa wurde Jesus in Bethlehem geboren. Seine Jugend verbrachte er im stillen Nazareth. Sein öffentliches Wirken von etwa 27 bis 30 n. Chr. erregte Aufsehen. Erstaunliche Berichte von Krankenheilungen und Totenauferweckungen wurden zunehmend bekannt. Die jüdische Führungsschicht und die römische Besatzungsmacht waren gegen ihn. Obwohl er den Menschen nur Gutes tat, schlugen ihm Hass, Verachtung und Feindschaft entgegen. Schließlich wurde er in Jerusalem am Kreuz getötet.

Seine Anhänger waren zunächst erschüttert, ratlos und verzweifelt; sie hatten gedacht, Jesus würde König über Israel werden und sie von der Herrschaft der Römer befreien. Nach wenigen Tagen aber waren sie wie verändert. Petrus – einer von ihnen – predigte mit großer Überzeugung in Jerusalem. Er erklärte, dass Gott Jesus aus dem Tod auferweckt habe, wovon er und andere Zeugen seien.

Er bewies, dass der Tod und die Auferstehung Jesu in den jüdischen Schriften vorhergesagt waren. Und er forderte die Zuhörer auf, zu Jesus umzukehren, damit sie von ihren Sünden befreit würden.

3000 Menschen schlossen sich ihnen an. Täglich kamen neue hinzu. Aber sehr bald gab es massiven Widerstand: Von den Mächtigen (dem „Hohen Rat") wurde ihnen verboten, weiter zu predigen. Doch obwohl sie gefangen genommen und bedroht wurden, ließen sie sich nicht einschüchtern, denn sie sagten: „Man muss Gott mehr gehorchen als Menschen" (Apostelgeschichte 5,29). Und dies selbst auf die Gefahr hin, getötet zu werden – was dann auch bald geschah: Einige von ihnen mussten wegen ihres Glaubens ihr Leben lassen. Und es entstand eine Verfolgung gegen die Gläubigen, sodass dadurch viele in die Gegenden von Judäa und Samaria zerstreut wurden.

Saulus – einer der führenden Gelehrten der damaligen Zeit, später Paulus genannt – zog hinter den Fliehenden her, um sie festzunehmen und nach Jerusalem zu bringen. Vor dem syrischen Damaskus geschah dann aber etwas Unvorhergesehenes. Der Evangelist Lukas berichtet davon in der Bibel: „Plötzlich umstrahlte ihn ein Licht aus dem Himmel; und er fiel auf die Erde und hörte eine Stimme, die zu ihm sprach: Saul, Saul, was verfolgst du mich?" Saulus fragte zurück: „Wer bist du, Herr?" Die Stimme antwortete: „Ich bin Jesus, den du verfolgst" (Apostelgeschichte 9,3-5).

Drei Tage lang war Saulus blind. Als er wieder sehen konnte, predigte er in den Synagogen* von Damaskus, dass Jesus der Sohn Gottes sei. Nach einiger Zeit versuchten Leute hier wie später in Jerusalem, ihn deswegen zu töten. Er konnte aber jedes Mal entkommen und zog dann in seine Heimatstadt Tarsus.

Die Menschen, die wegen der Verfolgung aus Jerusalem geflohen waren, kamen bis nach Phönizien, Zypern und Antiochien (in Syrien), wo die Jünger zuerst Christen genannt wurden. Hierhin kamen auch Paulus und sein Mitarbeiter Barnabas. Nach einiger Zeit brachen sie von Antiochien zur ersten Missionsreise auf. Paulus unternahm insgesamt drei Missionsreisen und erreichte dabei weite Teile des Mittelmeerraums.

Auf seinen Reisen hatte Paulus immer wieder mit Widerstand zu kämpfen, ob in griechischen Städten oder römischen Kolonien. So zum Beispiel in der griechischen Metropole Ephesus, wo ein Silberschmied die Menge aufwiegelte, weil er Schaden für den Kult der Göttin Artemis befürchtete, mit dem er seinen Lebensunterhalt verdiente. Es entstand ein großer Tumult in der Stadt, sodass Paulus abreiste. In der Stadt Lystra sah es zunächst besser aus. Paulus und Barnabas wurden von einer Menschenmenge als Götter verehrt. Man meinte, sie seien die griechischen Götter Hermes und Zeus, und wollte ihnen opfern. Sie waren davon aber durchaus nicht begeistert, sondern riefen entsetzt: „Männer, warum tut ihr dieses?" Sie versuchten der Menge bewusst zu machen, dass sie ebenfalls nur Menschen aus Fleisch und Blut waren. Ihre Botschaft war einzig und allein, dass sich diese Leute von ihren Idolen abwenden sollten. Sie sollten zu dem lebendigen Gott umkehren und nicht auch noch sie zu ihren Idolen machen. Das hielt die Menge aber kaum davon ab, ihnen zu opfern (vgl. Apostelgeschichte 14,11–18). Doch Ruhm ist eine schnell vorübergehende Angelegenheit – sofort nach der oben angeführten Begebenheit heißt es: „Es kamen aber aus Antiochien und Ikonium Juden an, und nachdem sie die Volksmenge überredet und Paulus gesteinigt hatten, schleiften sie ihn zur Stadt hinaus, da sie meinten, er sei gestorben" (V. 19). (Zum Thema Idole und öffentliche Aufmerksamkeit vergleiche Anhang 1: Stars.)

Paulus' letzte Missionsreise endete in Jerusalem, wo er gefangen genommen und vor Gericht gestellt wurde. Er beantragte, dass sein Fall vor dem Kaiser verhandelt würde, und kam so nach Rom, wo er nach der Überlieferung unter Kaiser Nero den Märtyrertod erlitt.

Paulus wurde der bekannteste und wichtigste Missionar des frühen Christentums, doch er war keineswegs der einzige jener frühen Boten, die zur schnellen Verbreitung des christlichen Glaubens beitrugen. Die Glieder einer Gemeinde* wirkten auch von Person zu Person. Sklaven, Kaufleute, Deportierte*, Soldaten und Reisende brachten über die römischen Straßen und Handelswege das Evangelium in die ganze Welt. Dies wurde durch die Einheitssprache des Reiches (Griechisch) begünstigt.

Dort, wo Paulus gewesen war, blieben Anhänger der neuen Lehre vom Sohn Gottes Jesus Christus zurück. Manche dieser Gemeinden sahen ihn nur ein-, andere zwei- oder dreimal. Aber er schrieb auch Briefe: je zwei an die Gemeinden in Thessalonich und Korinth, je einen nach Galatien, Ephesus, Philippi, Kolossä und einen nach Rom, wo er bis dahin noch nicht gewesen war. Ebenso schrieb er persönliche Briefe an Timotheus (2), Titus und Philemon. Daneben sind noch ein Brief von Jakobus, zwei von Petrus, drei von Johannes und einer von Judas überliefert. Diese Schriften wurden später zusammen mit der Offenbarung (geschrieben von Johannes), dem Brief an die Hebräer, den vier Evangelien und der Apostelgeschichte zum „Neuen Testament", dem zweiten Teil der Heiligen Schrift (Bibel), zusammengefasst.

Obwohl diese Schriften meist an eine bestimmte Gemeinde gerichtet waren, hatten sie doch für alle Gemeinden Autorität. So waren sie schnell kopiert und verbreitet worden, sodass in den ersten Gemeinden ganze Sammlungen von Abschriften der Originale entstanden waren. Vor dem Ende des 1. Jahrhunderts waren alle neutestamentlichen Bücher geschrieben und in vielen Kopien im Umlauf.

Auseinandersetzungen mit den Christen gab es für den römischen Staat seit der Mitte des 1. Jahrhunderts. Und das, obwohl er im Bereich der Religion bemerkenswert tolerant und die römische Religion fremden Einflüssen gegenüber offen war. Das entscheidende Kriterium für die Bewertung aller fremden Religionen war nämlich, ob sie sich mit den traditionellen römischen Staatskulten vereinbaren ließen. Wenn aber Petrus von Jesus behauptete: „Es ist in keinem anderen das Heil" (Apostelgeschichte 4,12) und Paulus an die Gläubigen in Korinth schrieb, „dass kein Gott ist als nur einer" (1. Korinther 8,4), dann waren Konflikte vorgezeichnet, besonders weil Politik und Religion in Rom eng ineinander verflochten waren.

Da die Christen den einen, wahren Gott kannten, lehnten sie die Staatsgottheiten Roms, aber auch die kultische Verehrung der Kaiser ab. Ebenso distanzierten sie sich von traditionellen Aktivitäten und Lebensformen der römischen Gesellschaft. So entstanden ständig neue Reibungen und Konflikte mit Gesellschaft und Staat. Diese Probleme erfassten immer weitere Teile des Imperiums und gipfelten schließlich in Christenverfolgungen. Sie beschäftigten die römische Provinzialverwaltung in Kleinasien wie in Griechenland, in Gallien wie in Nordafrika.

Die Quellen berichten, dass im Jahr 64 n. Chr. unter Kaiser Nero eine Christenverfolgung in Rom stattfand. In den folgenden Jahrhunderten kam es in den verschiedenen Gebieten des Römischen Reiches immer wieder zu Verfolgungen. Mindestens bis 249 galt das Geständnis, Christ zu sein, als strafbarer Tatbestand. Seit der Mitte des 3. Jahrhunderts wurde es noch schlimmer. Das Reich geriet in wirtschaftliche und politische Krisen. Man gab u. a. den Christen die Schuld an der Not und warf ihnen vor, dass sie den Göttern des Staates nicht opferten.

Zu reichsweiten Verfolgungen kam es unter Decius um 249, unter Valerian um 257 und unter Diokletian 303–311. Todesstrafe, Verbannung, Folter und Tod warteten auf viele. 311 erließ dann Galerius im Osten ein Toleranzedikt*. Da alle Maßnahmen gegen die Christen erfolglos geblieben waren und sie weiter fortbestanden, fing bald eine neue Epoche an. Diese begann mit Konstantin, der 313 mit dem Herrscher des Ostreichs, Licinius, das Mailänder Religionsedikt* herausgab. Konstantins Sieg über Licinius 324 erreichte dann auch für den Osten die Anerkennung des Christentums als begünstigte Religion und damit zugleich die Alleinherrschaft des ersten christlichen Kaisers. So kam es, dass das Christentum allmählich zur Staatsreligion wurde und den Christen Sicherheit, freie Lehre sowie ungehinderte Ausübung ihrer gottesdienstlichen Handlungen gewährleistet wurden. Damit waren die großen Christenverfolgungen im Römischen Reich beendet, auch wenn es später noch zu einigen regionalen Verfolgungen kam. 391 verbot dann Kaiser Theodosius heidnische Kulte im Römischen Reich. Das Christentum war zur Reichsreligion geworden.

Betrachtet man die Stationen der Ausbreitung des Christentums, so kann man feststellen, dass sich um 180 n. Chr. in fast allen Provinzen des Römischen Reiches, besonders aber in Kleinasien und Griechenland, Gemeinden befanden. Um 300 n. Chr. waren die Christen trotz Verfolgungen eine überall bekannte Minderheit. Die meisten waren im Mittelmeergebiet zu Hause. Am Ausgang des

5. Jahrhunderts gingen die Ausstrahlungen des Christentums schon bis nach Irland und England, ins Perserreich, nach Arabien, nach Armenien, an die Westküste des Roten Meeres und selbst nach Indien. In den Römerstädten Germaniens und Belgiens erstarkte das Christentum im 4. und anfangenden 5. Jahrhundert.

2. Die Bibel für das Volk

Wenn sich der christliche Glaube in einem Volk ausgebreitet hatte, wurden in der Regel schon bald Bibelteile in die Volkssprache übersetzt. So sind zum Beispiel lateinische, ägyptische, äthiopische, arabische, armenische, georgische, persische und syrische Übersetzungen bekannt. Durch Wulfila (gest. 383) erhielten die Goten als erster germanischer Volksstamm eine Bibel in ihrer Muttersprache. Von Chrysostomus (gest. 407) wird berichtet, dass er die Menschen aufgefordert habe: „Dazu ermuntere ich euch und werde nicht aufhören, euch zu ermahnen, dass ihr auch zu Hause euch unablässig mit dem Lesen der Heiligen Schrift beschäftigt."

Für die Textüberlieferung der Bibel hatten die Klöster des Mittelalters eine große Bedeutung. Die Mönche lasen die Heilige Schrift, legten sie aus, kommentierten sie – und schrieben sie immer wieder ab, sodass in manchen Klöstern regelrechte Schreibschulen entstanden. Der Prozess des Kopierens geschah über einen Zeitraum von 1400 Jahren. Er setzte sich so lange fort, bis die Erfindung der Buchdruckerkunst das Abschreiben von Hand überflüssig machte.

Solange die Beschäftigung mit der Bibel unter der Aufsicht von Angehörigen des Klerus* geschah, wurde dies von der römischen Kirche weitgehend akzeptiert. Sie sprach sich aber immer wieder gegen Übersetzungen in die Volkssprache aus und verbot volkssprachliche Bibeln, denn seit dem 12. Jahrhundert begannen die Menschen vermehrt die Heilige Schrift zu lesen und sie nach ihrem eigenen Verständnis auszulegen. Dies sah die Kirche wegen ihrer Lehrauffassung als potenzielle* Gefahr an. Doch obwohl schon der Besitz einer Bibel verdächtig war, fanden volkssprachliche Bibelauszüge und Andachtsschriften im späten Mittelalter weite Verbreitung.

Die Auffassungen der Kirche in Bezug auf die Bibel waren auch nicht unwidersprochen geblieben. Bereits seit dem 11. Jahrhundert hatte sich in Bewegungen wie den Waldensern Widerstand geregt. Sie wurden deswegen mit Feuer und Schwert verfolgt. In den folgenden Jahrhunderten erregten dann die Herrschaftsansprüche der Päpste zunehmenden Unmut, ebenso ihre Machenschaften in der weltlichen Politik und die Abgaben an Rom, die zur Finanzierung der aufwändigen päpstlichen Hofhaltung benötigt wurden. Anlass zum Zorn war auch der Hochmut des Klerus gegenüber den einfacheren Menschen und seine verweltlichte Lebensweise. Gegen Ende des 13. Jahrhunderts wurden die Forderungen nach Erneuerung der Kirche immer lauter.

Dann kam John Wyclif (1324–1384). Er bestritt, dass nur in der römisch-katholischen Kirche das Heil zu finden sei, forderte die Abschaffung des Papsttums, die Auflösung der Klöster, die Einziehung der Kirchengüter und die Abschaffung des Kirchenzehnten. Er erklärte die Beichte und die Heiligenverehrung für unwirksam und verurteilte den Priesterzölibat*. Seine Kirchenerneuerung zielte auf die Wiederherstellung der Urkirche und das allgemeine Priestertum* der Gläubigen. Um diese an Gottes Wort heranzuführen, übersetzte er die Bibel ins Englische (1380). Seine Lehren wurden schon 1382 von der Londoner Synode* verworfen, und die Wyclifiten (auch Lollarden genannt) wurden in England grausam verfolgt. Auf dem Festland wurden Wyclifs Auffassungen aber immer weiter verbreitet und es gelang nicht, sie auszulöschen. Schließlich traten sie immer deutlicher hervor.

Wyclifs Gedanken wurden nämlich sehr bald von dem Prager Jan Hus (um 1371–1415) aufgegriffen. Er berief sich auf die Heilige Schrift und wollte nur dann widerrufen, wenn man ihm aus der Bibel Irrtümer nachweisen könnte. So wurde er als Ketzer* zum Tode verurteilt und am 6. Juli 1415 in Konstanz auf dem Scheiterhaufen verbrannt. Im gleichen Jahr erklärte die katholische Kirche Wyclif postum* zum Ketzer und befahl die Verbrennung seiner Gebeine.

Am 31. Oktober 1517 begann dann eine Entwicklung, die von der römischen Kirche nicht mehr in den Griff zu bekommen war: An diesem Tag veröffentlichte Martin Luther (1483–1546) seine 95 Thesen gegen den Ablasshandel* der Kirche. Damit sollten eigentlich die Gelehrten zur Diskussion herausgefordert werden. Doch bald waren die Thesen auch in verdeutschter Fassung im ganzen Reich verbreitet und dienten als Zündstoff. Die Entwicklung, die zur sogenannten Reformation führte und von Deutschland aus auch auf andere europäische Länder ausstrahlen sollte, nahm ihren Verlauf.

Die römische Kirche erkannte bald die von Luther ausgehende Gefahr und leitete einen Prozess gegen ihn ein. Auf dem Wormser Reichstag im April 1521 versuchte Kaiser Karl V. vergeblich, Luther zum Widerruf zu bewegen. Luther berief sich wie Hus auf die Bibel. Zur Änderung seiner Ansichten wäre er nur dann bereit gewesen, wenn man ihn durch die Heilige Schrift eines Irrtums überführt hätte. Bevor im Wormser Edikt die Reichsacht* gegen ihn ausgesprochen wurde, ließ der sächsische Kurfürst ihn auf die Wartburg in Sicherheit bringen. Dort verdeutschte Luther in elf Wochen die Basis seines Glaubens, das Neue Testament, aus dem Griechischen (Erstdruck September 1522, deshalb „Septembertestament" genannt). In den folgenden

Jahren übersetzte er, teilweise von Kollegen unterstützt, auch das Alte Testament aus dem Grundtext, sodass 1534 die erste Gesamtausgabe seiner deutschen Bibel erscheinen konnte.

Dass Luther eine Übersetzung schuf, die für das Volk gedacht war, war das Ergebnis eines längeren Prozesses. Zunächst hatte er auf die Auslegungstradition und die Autorität der Kirche vertraut. Dann aber stellte er die Heilige Schrift *über* die Autorität der Kirche, womit seine Auseinandersetzung mit Rom eine neue Dimension annahm. Während seines Kampfes mit der Kirche veröffentlichte Luther zunächst immer wieder auf der Bibel basierende Streit- und Erbauungsschriften, die auch die lateinunkundigen Laien lesen konnten. Sie trugen mit dazu bei, dass die Menschen an den Auseinandersetzungen zunehmend inneren Anteil nahmen, ihr religiöses Interesse wuchs und der Wunsch nach eigener Bibellektüre geweckt wurde.

Der Volkssprache hatte Luther schon früh positiv gegenübergestanden, und er hatte sich gegen die Auffassung der Kirche gewandt, dass die Bibel wegen ihrer „unverständlichen Stellen" nicht in die Hand des Volkes gehöre. Er war davon überzeugt, dass die Heilige Schrift klar sei. Wenn vieles unklar bleibe, so liege das nicht an der Unverständlichkeit der Bibel, sondern an der Blindheit der Menschen.

Dass die Reformation sich schnell ausbreiten konnte, war auch einer wichtigen Erfindung von Johannes Gensfleisch zur Laden, genannt Johannes Gutenberg, zu verdanken: dem Druck mit beweglichen Lettern, der bereits seit etwa 1445 möglich war (zu Johannes Gutenberg vgl. Anhang 2). In der Folge entstanden überall in Deutschland Druckereien. 1466 erschien bei Johann Mentel in Straßburg die erste gedruckte Gesamtbibel in deutscher Sprache. Insgesamt sind vor Luther 18 gedruckte deutsche Bibeln und 60 Teilbibeldrucke nachzuweisen. Sie fußen aber alle auf lateinischen Fassungen, also nicht auf dem Grundtext wie Luthers Übersetzung.

Diese aber wurde immer weiter verbreitet, und jeder konnte das für sich erforschen, was Luther wieder neu entdeckt und was am Beginn seiner Umkehr gestanden hatte: „So halten wir es nu / das der mensch gerecht werde / on des Gesetzes werck / allein durch den glauben" (Römer 3,28).

Exkurs: Martin Luther

Wussten Sie schon, …

… wie die Reformation begann?

Der Thesenanschlag am 31. Oktober 1517 an der Wittenberger Schlosskirche gilt als Geburtsstunde der Reformation. Martin Luther hatte die 95 Thesen in lateinischer Sprache verfasst und wollte mit Gelehrten darüber diskutieren – „aus Liebe zur Wahrheit und im Verlangen, sie zu erhellen", wie er schrieb. Innerhalb von 14 Tagen verbreiteten sich verdeutschte Fassungen der Thesen in weiten Teilen des Landes.

… wer Martin Luther war?

Luther wurde am 10. November 1483 in Eisleben geboren. Sein Vater war ein Bauernsohn, der kurz nach Martins Geburt nach Mansfeld zog. Durch die Beteiligung am Kupferbergbau wurde er wohlhabend und gehörte bald zu den Angesehensten der Stadt.

Martin hatte etliche Geschwister. Er besuchte die Lateinschule in Mansfeld und nach einer Zwischenstation in Magdeburg ab 1498 eine Schule in Eisenach. Der Wunsch des Vaters war es, den begabten Sohn Jura studieren zu lassen.

... was während seines Studiums geschah?

1501 begann Luther ein Studium an der Universität Erfurt. In seiner Jugend war er ein eher fröhlicher Typ gewesen. Um 1505 begann aber in Erfurt eine Art Lebenskrise, in der ihn grundlegende Fragen beschäftigten. Am 2. Juli dieses Jahres geriet er in einen Gewittersturm. Von Angst überwältigt, gelobte er, Mönch zu werden. Er verließ alles, um ins Kloster zu gehen, dort Gott zu dienen und fromm zu werden.

... was das Zentrale in dieser Krise war?

Der Hintergrund seines Wunsches, Mönch zu werden, war die Sorge um sein Seelenheil. Mit dem Mönchsein wollte er dem Gericht und der Hölle entkommen. Luther trieb die Angst vor dem richtenden Gott um, der nach Werken vergilt. Durch eigene fromme Anstrengungen und Leistungen hoffte er sich das ewige Leben verdienen zu können und dem drohenden Unheil zu entkommen. Er befürchtete auch, von der Gnade Gottes verlassen oder vielleicht sogar zum ewigen Verderben vorherbestimmt zu sein.

... wie er diese Krise bewältigte?

Während seiner Bibellektüre stieß er auf folgenden Bibelvers: „Denn Gottes Gerechtigkeit wird darin offenbart aus

Glauben zu Glauben, wie geschrieben steht: ‚Der Gerechte aber wird aus Glauben leben'" (Römer 1,17). Diesen Vers empfand er als große „Erleuchtung" und Befreiung. Ihm wurde nun nämlich klar, dass Gottes Gerechtigkeit nicht in erster Linie eine fordernde Gerechtigkeit ist, bei der der Mensch mit eigener Anstrengung gute Taten vollbringen muss. Er verstand, dass der Mensch diese Gerechtigkeit nur durch den Glauben an Jesus Christus erhalten kann und dass keine Eigenleistungen sie bewirken können. So gewann auch Römer 3,28 für ihn eine große Bedeutung: „… dass ein Mensch durch Glauben gerechtfertigt wird, ohne Gesetzeswerke."

… welche Rolle die Bibel für Martin Luther spielte?

Seit dem Beginn seiner inneren Krise 1505 griff Luther hin und wieder zur Bibel. Vorher hatte er noch nie eine in der Hand gehalten, wie er selbst sagte.

Im Kloster in Erfurt fand er dann den engen Bezug zur Bibel, der sein späteres Arbeiten und seine Schriften kennzeichnen sollte. Hier wurde er Priester und begann ein Theologiestudium. Am Ende des Studiums hatte er die Bibel liebgewonnen. 1512 wurde er Doktor der Theologie und erhielt dann an der Wittenberger Universität eine Bibelprofessur. Und hier wurde er auch 1514 als Prediger an die Stadtkirche berufen.

… wie es nun zum Thesenanschlag kam?

Die damalige Kirche war in einem sehr schlechten Zustand. Machtgier, Unmoral und Habgier prägten das Bild. Weil die Kirche Geld benötigte, verkaufte sie sogenannte „Ablassbriefe". Sie behauptete, dass den Menschen gegen einen Geldbetrag „zeitliche Sündenstrafen" erlassen werden könnten. Bereits ein Jahr vor dem Thesenanschlag predigte Luther gegen die Ablasspraxis, da sie den Aussagen der Bibel widersprach. Nun also wollte er anhand der 95 Thesen mit Gelehrten darüber diskutieren, auch um selbst Klarheit zu bekommen.

... was dann passierte?

Die Entwicklung, die zur sogenannten Reformation führte, nahm ihren Verlauf. Sie sollte bald von Deutschland aus auch auf andere europäische Länder ausstrahlen. Die römische Kirche erkannte bald die von Luther ausgehende Gefahr und leitete einen Prozess gegen ihn ein, weil er zunehmend zentrale Kritik an der Kirche äußerte, diese einer breiten Öffentlichkeit mitteilte und dort auch immer mehr Widerhall fand.

Auf dem Wormser Reichstag im April 1521 versuchte Kaiser Karl V. als Vorkämpfer der Kirche vergeblich, Luther zum Widerruf seiner biblisch begründeten Position zu bewegen. Luther berief sich aber kompromisslos auf die Bibel. Zur Änderung seiner Ansichten wäre er nur bereit gewesen, wenn man ihn durch die Heilige Schrift eines Irrtums überführt hätte.

Der sächsische Kurfürst Friedrich der Weise ließ Luther dann auf die Wartburg in Sicherheit bringen, bevor die „Reichsacht" gegen ihn ausgesprochen wurde (d. h. er wurde völliger Recht- und Schutzlosigkeit preisgegeben).

Zur Verbreitung der Reformation trugen auch noch andere bei, wie zum Beispiel Philipp Melanchthon, Johannes Calvin und Huldrych Zwingli.

… wie Luther starb?

In seinen letzten Lebensjahren hatte Luther mit einigen körperlichen Leiden zu kämpfen, und er fühlte sich „alt, abgelebt und erschöpft". Am 7. Januar 1546 brach er zur letzten Reise seines Lebens in seine Geburtsstadt Eisleben auf, um dort Streitigkeiten in der Mansfelder Grafenfamilie zu schlichten. Die Verhandlungen endeten erfolgreich. Er hatte aber nicht mehr die Kraft, nach Wittenberg zurückzukehren, und starb am 18. Februar 1546 in Eisleben. Auf seinem Sterbebett betete er: „Mein himmlischer Vater, ewiger, barmherziger Gott, du hast mir deinen lieben Sohn, unseren Herrn Jesus Christus offenbart, den habe ich gelehrt, den habe ich bekannt, den liebe ich und den ehre ich als meinen lieben Heiland und Erlöser … Nimm mein Seelchen zu dir." Und er sagte auch: „Also hat Gott die Welt geliebt, dass er seinen einzigen Sohn gab, auf dass alle, die an ihn glauben, nicht verloren werden, sondern das ewige Leben haben" (Johannes 3,16).

… was die Reformation heute noch bedeutet?

Als Luther zu Beginn des 16. Jahrhunderts ein tiefes Verlangen nach Zufriedenheit, Erfüllung und der Gnade Gottes spürte, erkannte er, dass er dies nicht allein finden konnte, und suchte intensiv. Antwort fand er in der Bibel. Als Martin Luther erkannte, dass nur der Glaube und die Gnade ihn retten konnten, war es für ihn der zentrale Durchbruch und ebenso auch für viele andere – und das bis heute. Dies ist im eigentlichen Sinne Reformation.

3. Das Zeitalter der Vernunft

Seit Luthers Tod 1546 hatte sich in Deutschland einiges ereignet. 1555 trat ein Reichsgesetz in Kraft, der sogenannte Augsburger Religionsfriede. Er billigte das Recht zur Bestimmung der Konfession* dem jeweiligen Landesherrn zu. Im Dreißigjährigen Krieg (1618–1648) wurde dann ganz Deutschland zum Schlachtfeld des Schreckens. Manches erinnerte an die Zeit der Christenverfolgungen. Im Vordergrund der militärischen Aktionen standen die religiösen Auseinandersetzungen zwischen Katholiken und Protestanten. In dem kargen Gepäck der Fliehenden fand sich nicht selten die Heilige Schrift. Sie war oft der einzige Trost in schweren Stunden.

Auch dank Luther hatten wieder viele Menschen in der Bibel geforscht und waren so zur Gewissheit des Glaubens gelangt. Aber mit dem Beginn der Neuzeit in Europa (Renaissance um 1400 n. Chr.) hatten die Menschen mehr und mehr schon länger bekannte Ideale und Werte betont, die sich von den biblischen Auffassungen lösten und den Menschen selbst in den Mittelpunkt rückten. Gemeinsam war allen diesen Ideen die Vorstellung vom autonomen* Individuum*, das die Dinge mit seinem Verstand prüft und dann selbstständig entscheidet und handelt.

Einige Zeit danach trat René Descartes (1596–1650) auf, der wegen seiner Methode des radikalen Zweifels als „Vater des neuzeitlichen Denkens" bezeichnet wird. Der Geist der neuen Zeit hob das Individuum auf den Thron. Dem Menschen wurde Freiheit, Glück und Macht versprochen, wenn er die alten „Fesseln" löse und alles mit dem

Maßstab seines Denkvermögens beurteile. Der Glaube verlor zunehmend an Bedeutung. Mit der Vernunft sollte die Welt enträtselt werden. So bemühte sich fortan in erster Linie die Wissenschaft um Lösungen für die Probleme der Menschen.

Zwar gab es schon seit der frühen Kirche immer wieder Gruppen, die das offenbarte Wort Gottes teilweise ablehnten oder sogar weitgehend leugneten, doch bis zum 18. Jahrhundert wurde in Deutschland die Zuverlässigkeit der Heiligen Schrift im Allgemeinen akzeptiert. Dann aber begann mit dem Zeitalter der Aufklärung der Umsturz.

Die Aufklärung war eine gesamteuropäische Bewegung. Sie begann im 17. Jahrhundert, beeinflusste alle Lebensbereiche und leitete den Prozess der Säkularisierung* ein. Sie wollte die Menschheit von Überlieferungen, Einrichtungen, Vereinbarungen und Normen, die sich nicht vernunftmäßig begründen ließen, befreien. Diese Unabhängigkeit hatte eine Basis: die eigene Vernunft des Menschen. Die Aufklärer glaubten an die Unabhängigkeit der menschlichen Vernunft. Sie sei die einzige und letzte Instanz, die über Methoden, Wahrheit und Irrtum jeder Erkenntnis entscheide. Das Motto der Aufklärung war: „Habe Mut, dich deines eigenen Verstandes zu bedienen." Es stammt von dem Philosophen Immanuel Kant (1724–1804).

Die Auswirkung der Aufklärung hinsichtlich der Bibel bis heute ist die Auseinandersetzung zwischen Vernunft und Offenbarung. So versuchte beispielsweise Gotthold Ephraim Lessing (1729–1781) in dem Stück *Nathan der Weise* zu vermitteln, dass nicht die Offenbarung Gottes in Jesus Christus die Wahrheit sei, sondern dass das Ergebnis eigener Anstrengungen die Wahrheit verschiedener Religionen erweise. Und Johann Wolfgang Goethe (1749–1832) meinte, dass man durch Zweifeln zur Gewissheit gelangen und dann innere Ruhe finden könne. (Über Lessing und sein Stück *Nathan der Weise* siehe Anhang 3.)

Das Gedankengut der Aufklärung gewann im gesamt-gesellschaftlichen Denken immer mehr Raum. Die Folge war, dass sich die eigene Vernunft auch als Maßstab für die Beurteilung der Bibel etablierte. Damit einhergehend nahm man zusehends Abstand von dem Glauben an die Inspiration* der Heiligen Schrift. Hermann Samuel Reimarus (1694–1768), Johann David Michaelis (1717–1791) und David Friedrich Strauß (1808–1874) gelten als Begründer der Bibelkritik in Deutschland. Sie bezweifelten zum Beispiel die Gottheit Christi oder stellten die in den Evangelien beschriebenen übernatürlichen Ereignisse als „Mythen"* dar. Diese Haltung spiegelt sich auch in der modernen Bibelkritik grundsätzlich wider. Deren bekanntester Vertreter Rudolf Bultmann (1884–1976) war einer der einflussreichsten Theologen des 20. Jahrhunderts. Seiner Meinung nach kann man praktisch gar nichts über die Person und das Leben Jesu wissen. Die Evangelien seien alles andere als sichere Quellen.

In dieser Tradition steht die Bibelkritik noch immer. In vielen Zeitschriftenartikeln und Büchern, die heutzutage das Christentum thematisieren, werden zum Beispiel die vier Evangelien der Verfälschung oder im Extremfall sogar des Verrats beschuldigt, weil sie angeblich nicht den wahren Jesus zeigen und diejenigen täuschen, die mehr über ihn erfahren wollen. Diese Tendenzen müssen als eine der folgenreichsten Entwicklungen in der Geistesgeschichte des Abendlandes angesehen werden. Die Bibel war lange Zeit die Basis unserer Kultur. Auf ihr beruhen auch die Moralbegriffe* der westlichen Welt und ihre Gesellschaftsordnung. Teile der Bildung wurden durch die Heilige Schrift wesentlich geprägt.[2]

Die Aufklärung hatte also zur Folge, dass sich die eigene Vernunft als Maßstab für die Beurteilung der Bibel etablierte. Seit dieser Zeit sind viele Menschen durch die Bibelkritik stark verunsichert und wissen nicht mehr, was sie glauben können und was nicht.

Damit an dieser Stelle keine Missverständnisse entstehen, muss noch hervorgehoben werden, dass Verstand und Intelligenz Eigenschaften sind, die Menschen von Gott erhalten haben. Ohne sie könnten wir weder denken noch handeln. Zu bedenken ist aber, dass die Ehrfurcht vor Gott der Anfang der Weisheit ist (vgl. Sprüche 9,10). Zweitens muss beachtet werden, dass die Aufklärung etliche Missstände durchaus mit Recht anprangerte und manche guten und nützlichen Folgen daraus hervorgingen.

Wenn nun das Gedankengut der Aufklärung immer mehr an Bedeutung gewann, so gab es doch stets Männer und Frauen, die entgegen dem Zeitgeist* an der Wahrheit der Bibel festhielten. Sie gingen zu den Menschen und verkündeten ihnen das Evangelium. Manchmal nahmen so viele es an, dass regelrechte Erweckungsbewegungen entstanden, deren Auswirkungen bis heute spürbar sind.

---

2   Vgl. dazu Vishal Mangalwadi: *Das Buch der Mitte. Wie wir wurden, was wir sind: Die Bibel als Herzstück der westlichen Kultur* und Alvin J. Schmidt: *Wie das Christentum die Welt veränderte.*

Exkurs: Kritisches zur Aufklärung

In Büchern, Zeitschriftenartikeln, Filmen, Unterrichtsmaterialien usw. wird die Aufklärung oft sehr positiv dargestellt. Das Muster ist – vereinfacht ausgedrückt – folgendes: Zuvor war das Denken von der Kirche und den Mächtigen bestimmt, von nun an geht der Weg in die selbstbestimmte Freiheit, als Beginn einer positiven Zukunft. Ein ähnliches Muster finden wir auch schon in der Renaissance (um 1400 n. Chr.). Deren Hauptvertreter proklamierten, dass die Zeit (ca. 1000 Jahre) zwischen ihnen und der Antike finster gewesen und mit ihnen nun die Erleuchtung gekommen sei. So ist es bis heute noch gang und gäbe, vom „finsteren Mittelalter" zu sprechen.

Versucht man, in populären Medien eine kritische Reflexion der beiden Epochen zu finden, wird man in der Regel enttäuscht: Die meisten stimmen stereotyp in den aufgezeigten Tenor ein. An sich könnte dies Christen egal sein – wenn darauf nicht so manche heute noch aktuellen Argumentationsmuster basierten. So behaupten zum Beispiel Theologen bis heute, nach der Aufklärung könne man nicht mehr an Wunder glauben, und auch die vermeintliche Gegensätzlichkeit von Glaube und Wissen beruht auf diesem Denkschema.

Der Philosophieprofessor Daniel von Wachter nimmt dies zum Anlass, um in seinem Aufsatz „Mythos der Aufklärung"[3] eine kritische Gegenposition zu entfalten. Er fasst sie selbst folgendermaßen zusammen: „Der Begriff ‚Aufklärung' wurde von Gegnern des Christentums erfunden, um den Eindruck zu erwecken, die Christen seien naiv und intolerant, und im 18. Jahrhundert sei dagegen schließlich

---

3 Auf www.von-wachter.de herunterladbar.

langsam die Vernunft zur Geltung gebracht worden, was zur Entstehung der Naturwissenschaft, zu Fortschritten in der Philosophie und zur Religions- und Meinungsfreiheit geführt habe. Die sich selbst als ‚Aufklärer‘ Bezeichnenden wollten sich als epochemachend stilisieren. Die angeblichen Errungenschaften der Aufklärung wurden größtenteils von anderen errungen.“

Konkret wirft von Wachter den Aufklärern zunächst mangelnde Argumentation vor. So habe es zum Beispiel eine Reihe von Gelehrten gegeben, die von der Propaganda pauschal vereinnahmt worden seien, aber zentrale Inhalte der Aufklärung nicht teilten. Weiterhin bemängelt er, dass christentumskritische Positionen nicht so bezeichnet, sondern mit dem Namen „Aufklärung“ belegt wurden. So könne man mit diesem Begriff ohne Argumente den Eindruck verbreiten, es bestehe eine Verbindung zwischen Vernunft und Christentumskritik, das Christentum sei also widervernünftig. Weiterhin suggeriere die Rhetorik vom „Zeitalter“ der Aufklärung, es hätte zu dieser Zeit keine andersdenkenden Gelehrten gegeben oder diese verdienten keine Aufmerksamkeit. Auch lege diese Rhetorik nahe, es habe zu dieser Zeit *einen* Geist und *eine* Entwicklungsrichtung dieses Geistes gegeben. Damit werde versucht, abweichende Meinungen durch einen Meinungsdruck zu beeinflussen. Es gebe zwar durchaus weltanschauliche Moden und Bewegungen, aber in vielen Gesellschaften hätten zu jeder Zeit ganz verschiedene, einander widersprechende weltanschauliche Meinungen existiert. Der Hinweis schließlich, dass eine Auffassung der Zeit entspreche oder dass man die andere Auffassung – wie oft gesagt werde – „seit der Aufklärung“ nicht mehr annehmen könne, sollte einen rationalen* Menschen völlig unbeeindruckt lassen.

Seine Behauptung, die Aufklärung sei eine antichristliche Bewegung, untermauert von Wachter durch den Nachweis, dass die sich selbst als „Aufklärer" bezeichnenden und die vorherigen Jahrhunderte als dunkel und abergläubisch darstellenden Autoren antichristlich gesinnt waren. Einige in der Fachliteratur fälschlich zur Aufklärung gezählte Philosophen seien dagegen christentumsfreundlich gewesen. Es sei somit falsch, zu behaupten, die Aufklärng habe Vernunft in eine dunkle Zeit gebracht. Die Zeit vorher sei nicht dunkel gewesen, und die Aufklärung habe eher Verwirrung gebracht.

Dass diese Zeit auch nicht so tolerant war, wie oft behauptet wird, zeige sich u. a. darin, dass Friedrich II. (der Große) der Durchsetzung der antichristlichen Bewegung durch entsprechende Stellenbesetzungen nachgeholfen habe, zum Beispiel durch ein Verbot der Lehre des wissenschaftlich und christlich gesinnten Philosophen Crusius.

Diese Tradition habe sich dann fortgesetzt. Mit Kants Schrift *Die Religion innerhalb der Grenzen der bloßen Vernunft* von 1794 und Friedrich Schleiermachers Buch *Über die Religion* von 1799 habe die aus der Aufklärung hervorgegangene „liberale" Theologie die Strategie perfektioniert, die christlichen Lehren nicht offen und mit Argumenten zu kritisieren, sondern ihre Unhaltbarkeit vorauszusetzen (nach dem Motto „Man kann das heute nicht mehr glauben").

Schleiermacher werde heute als „evangelischer Kirchenvater" bezeichnet. Diese Bezeichnung sei insofern treffend, als die damals neu erfundene Theologie eben die einer neuen Religion oder Weltanschauung gewesen sei. In praktisch allen schon damals und heute noch existierenden Kirchen des Westens sei diese Veränderung der Lehre im Gange oder schon vollendet.

Manfred Lütz weist in diesem Zusammenhang noch auf andere interessante Aspekte hin.[4] Der Aufklärung wird, wie erwähnt, oft eine Vorbildrolle in Sachen Toleranz unterstellt. Schon der Ausruf Voltaires „Rottet sie aus, die Verruchte" (= Kirche) spreche aber nicht für milde Gewaltlosigkeit. Auch der aufklärerische Staat sei gefährdet gewesen, in unterschiedlichen Bereichen in Toleranzzwang zu verfallen. In der „Bibel" der Aufklärer, der französischen *Encyclopédie*, heiße es unter dem Stichwort Toleranz: „Was hätten wir einem Fürsten in Asien oder in der neuen Welt vorzuwerfen, wenn er den ersten christlichen Missionar, den wir zu ihm schicken, um ihn zu bekehren, aufhängen ließe?" Und Rousseau habe für alle, die nicht bereit gewesen seien, einer aufgeklärten Herrschaft zu folgen, die Todesstrafe gefordert. Voltaire schließlich werfe die neuere Forschung vor, „die Grundzüge einer Rhetorik des säkularen* Antisemitismus bereitgestellt" zu haben.

Auch in Bezug auf die Sklaverei gab es genügend zweifelhafte Aussagen von Aufklärern, so zum Beispiel von Montesquieu, Thomas Hobbes, John Locke, David Hume, Graf Mirabeau und Voltaire. Ebenso war die Haltung etlicher Aufklärer in Bezug auf die Juden nicht gerade von Toleranz geprägt. Was die Aufklärung wollte, nämlich Toleranz und Humanität, habe sie aus eigener Unduldsamkeit, ja aus Fanatismus teilweise selbst wieder verschüttet. Moderne Historiker* kämen so zu dem erschreckenden Ergebnis, dass das historische Schreckensregiment der Französischen Revolution von der Aufklärung gezehrt habe.[5]

---

4   Manfred Lütz: *Der Skandal der Skandale. Die geheime Geschichte des Christentums*, Freiburg (Herder) 2018, S. 190ff.

5   Vgl. auch Arnold Angenendt: *Toleranz und Gewalt. Das Christentum zwischen Bibel und Schwert*, Münster (Aschendorff) 2006, S. 67 u. 536.

Aus alledem folgt nun selbstverständlich nicht, dass die Vernunft zwangsläufig etwas Negatives ist. So berief sich Luther zum Beispiel beim Wormser Reichstag 1521 darauf. Er wandte sich aber generell vehement gegen die von Gott losgelöste Vernunft. Auch war die Zeit vor der Aufklärung nicht unvernünftig. Der Unterschied lag jedoch darin, dass die Vernunft noch weitgehend der Offenbarung Gottes in der Bibel unterstand und daher die „Magd der Theologie" war, während ihr in der Aufklärung sehr viel – auch Grundlegendes – zugetraut wurde. Man darf bei aller Vernunftkritik auch nicht ins Gegenteil verfallen, wie teilweise in der Postmoderne, wo die Vernunft geradezu denunziert wird. Wer aber die Grenzen der gefallenen Vernunft erkennt, widersteht hoffentlich der Versuchung, sie zum Maßstab zu machen, an dem man die Offenbarung misst.

Die Aufklärung hatte durchaus ihre Verdienste, die nicht kleingeredet werden dürfen, aber ihre Bedeutung insgesamt sollte realistisch eingeschätzt werden: „Denn die Waffen unseres Kampfes sind nicht fleischlich, sondern göttlich mächtig zur Zerstörung von Festungen, indem wir Vernunftschlüsse zerstören und jede Höhe, die sich erhebt gegen die Erkenntnis Gottes, und jeden Gedanken gefangen nehmen unter den Gehorsam des Christus" (2. Korinther 10,4.5).

Exkurs: Das moderne Denken und die Bibelkritik

Modern zu sein ist wichtig, denken viele. Bedeutet das doch, auf dem neuesten Stand zu sein – zum Beispiel technisch, gesellschaftlich, kulturell oder geschichtlich. Der Vorwurf, nicht modern, nicht zeitgemäß zu sein, wiegt in manchen Zusammenhängen so schwer, dass er geradezu einer Beleidigung gleichkommt. Wenn es um das moderne oder nichtmoderne Denken geht, ist es ähnlich. Im Folgenden soll deshalb ein kleiner Überblick über das moderne Denken gegeben und anhand biblischer Prinzipien darüber nachgedacht werden, ob es erstrebenswert ist, diesem zu entsprechen.

Das Mittelalter

Wenn wir uns die ersten Universitäten in unserem Kulturkreis anschauen, ist es interessant festzustellen, dass sie heidnische Institutionen waren. Die letzte Universität des Altertums in Athen wurde 529 n. Chr. von dem christlichen Kaiser Justinian geschlossen, weil ihr Lehrstoff die Philosophie der Heiden war. Die Wiederherstellung der Institution Universität gegen Ende des 12. Jahrhunderts geschah dann im Zusammenhang mit der Aufnahme heidnischen Kulturguts als Studienobjekt. Man wollte auch durch die Werke der Heiden Weisheit lernen. Konkret waren es die Schriften des griechischen Philosophen Aristoteles (380–320 v. Chr.), die die Universitätsgründung in Paris veranlassten. Die Auseinandersetzung mit diesen Schriften geschah im Zusammenhang mit der Theologie.

Die Scholastik* bemühte sich dann, die neuen rationalen Erkenntnisse mit den Glaubenssätzen in Übereinstimmung zu bringen, was die gesamten theologischen Anstrengungen des Hoch- und Spätmittelalters ausmachte. Man meinte also, zur Orientierung neben der Bibel die Philosophie heidnischen Ursprungs zu benötigen. Die Folge davon war, dass man das Wort Gottes nur noch als einen von zwei Bezugspunkten des Denkens ansah und das Prinzip verließ, dass in „Christus alle Schätze der Weisheit und der Erkenntnis verborgen" sind (Kolosser 2,3). Anfangs maß man der Bibel zwar noch mehr Bedeutung bei als der Philosophie, aber es dauerte nicht lange, bis die heidnische Denkweise nach und nach die Oberhand gewann. Als Gebildete waren die Theologen zwar in der Lage, das, was die Philosophen schrieben, geistig zu erfassen; eine kritische Auseinandersetzung mit relevanten Aspekten hätte sicherlich notwendig und sinnvoll sein können. Stattdessen nahm aber die Theologie mehr und mehr die atheistisch*-antigöttlichen Voraussetzungen der Philosophie als ihre eigene Denkgrundlage an, auch wenn dies vielen Theologen nicht bewusst war und das Kirchenvolk es nicht bemerkte.

Die Einbeziehung der Philosophie des Aristoteles in die Theologie des Mittelalters wurde unterschiedlich umgesetzt. Fest steht aber, dass sie von nun an für die Theologen als zweite Erkenntnisquelle neben der Bibel galt. Diese Entwicklung hat Folgen bis heute, da so die gedankliche Basis nicht mehr die Heilige Schrift ist, sondern eben die weltliche Philosophie. Eine konkrete Konsequenz zeigt sich in Bezug auf das Weltbild. Aristoteles vertrat zum Beispiel die Auffassung, die Sonne drehe sich um die Erde. Sein Weltbild wurde im Laufe der Zeit für das Weltbild der Antike gehalten. Als man die Bibel dann irgendwann als „antikes Buch" abwertete, unterstellte man ihr irrigerweise, ihr Weltbild sei das Weltbild der Antike, also das Weltbild des Aristoteles gewesen. Folglich schrieb man alle Irrtümer des Aristoteles auch der Bibel zu und zog den Fehlschluss, wegen dieses überholten Weltbildes bedürfe sie der Entmythologisierung. Das Weltbild des Aristoteles war aber nicht das Weltbild der Antike, sondern nur eines unter anderen. Es war auch nicht das Weltbild der Bibel (auch weil das Alte Testament längst geschrieben war, als Aristoteles 380 v. Chr. geboren wurde).

Der Humanismus

Bereits zur Zeit der alten Kirche hatte es von Philosophen Kritik am christlichen Glauben und an der Heiligen Schrift gegeben. Sie trat von außen, aus dem Heidentum an die Kirche heran. Apologeten* und Kirchenväter setzten sich mit ihr auseinander. Ab ca. 1400 n. Chr. gewann aber der Humanismus immer mehr an Einfluss. Dabei stand nicht Gott, sondern der Mensch im Mittelpunkt des Denkens. Das hatte Auswirkungen auf die Theologie, die sich dieser Denkweise verschrieb. Bis heute kann man vielfältige Erscheinungsformen dieses Denkens beobachten.

Am Anfang des Denkens der Neuzeit gingen die geistig einflussreichsten Personen also hinter das biblische Denken zurück und suchten ihre Orientierung in der heidnischen Antike. Die Humanisten machten den Menschen zum Maß aller Dinge. Dies stellte eine entschiedene Abkehr vom biblischen Denken dar, auch wenn biblische Begriffe noch reichlich verwendet wurden. Der Vollständigkeit halber muss erwähnt werden, dass einige Humanisten sowohl gegen die Antike als auch gegen das Christentum kritisch eingestellt waren und andere im Christentum noch bestenfalls eine Bildungsreligion sahen, die in „Sitte und Sittlichkeit", in „Wissenschaft und Kultur" gipfelte. So wurde das Christentum nicht mehr als etwas angesehen, das einen lebendigen Glauben ausmachte, sondern als Religion, die mit anderen vergleichbar wäre. Fortan wurde auch die Bibel am Maßstab der Kultur gemessen, und ihr Charakter als Offenbarung Gottes spielte für die meisten keine Rolle mehr. Schließlich wurde jedem Produkt menschlichen Denkens und menschlicher Kreativität vom Humanismus der Charakter von Wahrheit zuerkannt, was faktisch einer Relativierung absoluter biblischer Gültigkeit gleichkam.

Im Humanismus gilt nämlich nur eine Verpflichtung: die „Wahrheit". Jeder Ertrag menschlichen Denkens und jedes Ergebnis menschlicher Kreativität wird als Wahrheit angesehen. Eine einzige Wahrheit existiere in der Welt, nur ihre Strahlen seien verschieden. Faktisch wird die Wahrheit dadurch aber relativiert. Alles kann wahr und wertvoll sein. Und eine absolute Wahrheit gibt es für den Humanismus nicht.

Die moderne historisch-kritische Theologie übernahm dann vom Humanismus:

- den **Anthropozentrismus**: Nicht Gott ist der Ausgangspunkt und Mittelpunkt des Denkens, sondern der Mensch.
- **Die Relativierung der Wahrheit**: Die historisch-kritische Theologie wagt es nicht mehr, sich auf die Bibel als Gottes Wort und Offenbarung zu berufen, sondern die Bibelstellen werden nach menschlichen Kriterien beurteilt, ob man sie als echt oder unecht bzw. als faktisch oder mythisch anzusehen hat.
- **Einordnung der Bibel in Kultur und Religion**: Die Heilige Schrift wird als menschliches Kulturprodukt gesehen und mit anderen auf eine Stufe gestellt. Weiterhin wird davon ausgegangen, dass der christliche Glaube nicht in Gottes Offenbarung begründet liegt, sondern eben als Kulturprodukt den anderen Religionen gleichzustellen ist.

Die Aufklärung

Die Epoche der Aufklärung brachte nichts grundlegend Neues. So behauptete Francis Bacon, jegliche Wahrheit werde induktiv* gefunden; er trennte den Bereich der Vernunft und Wissenschaft von demjenigen des Glaubens und der Religion ab und definierte den Glauben als ein Opfern des Verstandes. Auch Thomas Hobbes trennte Glauben und Denken radikal und verwies die Dinge des Glaubens in den nicht verifizierbaren* paradoxen Bereich der Absurditäten und Widersprüchlichkeiten. Damit waren sowohl die Grundlagen für die Bibelkritik gelegt als auch der atheistische Ansatz, der sämtliche Wissenschaften bestimmen sollte.

Der Aristotelismus und der Humanismus schufen die antitheistischen Voraussetzungen, während die Philosophen der Aufklärung sich ausdrücklich mit der Bibelkritik befassten. Indem die Theologie auch die Aufklärungsphilosophie zu ihrer Denkgrundlage machte, wurde sie zur bibelkritischen Theologie. Die Theologie hat also von der Philosophie nicht nur die antitheistischen Denkvoraussetzungen übernommen, sondern auch die einzelnen Elemente der Bibelkritik. Aspekte davon sind konkret:

Francis Bacon (1561–1626): Die Wahrheit kann nur auf der Grundlage von Erfahrungen gefunden werden, die durch Vernunftschlüsse von der Einzelbeobachtung zu allgemeinen Gesetzen fortschreiten. Wie bereits erwähnt, wurde der Bereich der Vernunft und Wissenschaft vom Bereich des Glaubens getrennt. Diese Form von Frömmigkeit sei zu loben, da sie glaube, was dem Verstand nicht einleuchten könne.

Thomas Hobbes (1588–1679): Seiner Meinung nach geht jede Idee und jeder Gedanke auf einen Eindruck der fünf Sinne zurück. Er geht davon aus, dass das ganze Weltall Materie sei, und was nicht Materie sei, sei in Wahrheit nicht existent. Hobbes war der Begründer der rationalen Bibelkritik. Er erkennt die unsichtbare Welt nicht an und meint, der Verstand des Menschen sei das Wort Gottes, dem man sich nicht widersetzen dürfe. Diese Ideen waren mit dem Beginn der Wunderkritik verbunden.

René Descartes (1596–1650): Seit ihm gilt das Prinzip des Zweifels als Grundlage der Philosophie und der Wissenschaft. Dass man alles hinterfragen müsse, wurde zum Grundprinzip des modernen Menschen, der ohne Gott lebt. Damit ist der Zweifel auch zum Grundprinzip aller Wissenschaften geworden – auch der Theologie, soweit sie sich als historisch-kritische Wissenschaft versteht.

Baruch de Spinoza (1632–1677): Er behauptete, die Bibel sei keineswegs Gottes Wort, aber in ihr sei Gottes Wort zu finden. Diese Auffassung geht also davon aus, dass nicht die ganze Bibel, sondern nur ein Teil Gottes Wort sei. Mit dieser Anschauung hatte Spinoza einen gewaltigen Einfluss, nicht nur auf die historisch-kritischen Theologen, sondern inzwischen auch auf einen Teil der Evangelikalen.[6] Er versuchte unter anderem zu beweisen, dass die fünf Bücher Mose nicht von Mose geschrieben wurden, und behauptete, die Prophetenbücher im Alten Testament seien Stück für Stück aus den ursprünglichen Büchern der Propheten gesammelt worden und nur eine unvollständige Zitatensammlung. Diese Theorie wurde von der historisch-kritischen Theologie übernommen. Er war weiterhin der Auffassung, dass der Prophet Daniel sein Buch nur von Kapitel 8 bis zum Ende geschrieben habe. So steht seitdem das Buch Daniel unter Verdacht. Er säte auch Misstrauen gegen die Glaubwürdigkeit der Evangelien und leugnete die Auferstehung Jesu als Ereignis und Tatsache. Als der Theologe Rudolf Bultmann (1884–1976) später schrieb: „Die Auferstehung ist kein historisches Ereignis", war das

---

6 Kritisches zu kirchlichen und (post)evangelikalen Entwicklungen auf www.jochenklein.de.

bereits 200 Jahre vorher von dem Theologen Spinoza formuliert worden.

Weitere wichtige Namen in diesem Zusammenhang wären noch David Hume (1711–1776), Immanuel Kant (1724–1804) und Friedrich Schleiermacher (1768–1834). Hume bezweifelte unter anderem die Glaubwürdigkeit der Wunder; Kant meinte, dass man kein objektives Wissen von Gott haben könne, sondern nur subjektive Überzeugungen. Das wurde mit geringfügigen Veränderungen zum Konzept der liberalen Theologie (der bibelkritischen Theologie in der zweiten Hälfte des 19. Jahrhunderts). Sie erkannte die Bibel nicht als Gottes Offenbarung an und sah Gottes Existenz als nicht objektiv gegeben. Der evangelische Theologe Schleiermacher berücksichtigte dann Kants Philosophie. Sein Einfluss in der evangelischen Theologie ist bis heute sichtbar.

Die historisch-kritische Theologie übernahm von der Aufklärung somit:

- die Trennung von Denken und Glauben
- die Behauptung, dass man aus der Bibel keine Gotteserkenntnis gewinnen könne
- die Idee der Höherentwicklung der Menschheit und den Fortschrittsgedanken
- das monistische Weltbild: die Ansicht, es gebe nur die eine, sichtbare Welt (Gegensatz zur Bibel: Unterscheidung in sichtbare und unsichtbare Welt)
- die Bibelkritik: Sie ist also aus der Philosophie in die Theologie eingedrungen. Nachdem die Theologie dem Aristotelismus und dem Humanismus Raum gegeben hatte, war sie in weiten Teilen bereit, sich auch für die Aufklärung samt ihrer Bibelkritik zu öffnen.

Der deutsche Idealismus

Der Ansatz des Humanismus kam dann im deutschen Idealismus voll zum Zug. Die Gründung des Bildungswesens im Menschenbild der klassischen Antike wurde vertieft, was vor allem Wilhelm von Humboldt (1767–1835) zuzuschreiben ist. In diesem Zusammenhang entstand auch eine atheistische Geschichtswissenschaft, die das Bewusstsein für das Handeln Gottes von vornherein ausschloss.

Resümee

Festzuhalten ist, dass es für ein Denken, das sich konsequent auf Gottes Offenbarung in seinem Wort gründete, an der Universität bald keinen Raum mehr gab, und das sowohl im weltlichen als auch im theologischen Bereich. So erscheint es heute für den Studenten, der sich auf eine Universität begibt, von vornherein klar, dass die Nichteinbeziehung Gottes in Studieninhalte selbstverständlich ist. Besonders im Bereich der Technik und der Naturwissenschaften meinen manche die Bestätigung dieses Denkansatzes zu finden. Mittlerweile zeichnet sich aber auch hier ab, dass viele dieser Bereiche so eben nicht völlig zu durchdringen sind, ganz zu schweigen zum Beispiel von medizinischen, ökologischen und ethischen Fragen. Aber auch in den Geisteswissenschaften spielt das Fragen nach Gott nahezu keine Rolle mehr.

Dem amerikanischen Theologieprofessor Norman L. Geisler ist die grundlegende Einsicht zu verdanken, dass die Annahme vieler Theologen, die Bibel weise Irrtümer und Fehler auf, nicht auf einer wissenschaftlichen Untersuchung der Heiligen Schrift beruht, sondern (wie oben gezeigt) in der Philosophie verwurzelt ist. Ihm ist es gelungen, aufzuzeigen, wie die einzelnen Philosophen zu dem beigetragen haben, was die Basis der bibelkritischen Theologie geworden ist.[7]

Aktuelle Entwicklungen

Nicht zuletzt die oben dargestellten Entwicklungen haben dazu geführt, dass mittlerweile „ein Volk, ja ein ganzer Kontinent, den man früher ‚christliches Abendland' nannte, sich von seinem geistlichen und damit langfristig auch von seinem geistig-moralischen Fundament [verabschiedet] ... Der christliche Wahrheitsanspruch und der daraus folgende Missionsauftrag wird von einem säkularisierten, relativistischen Zeitgeist ebenso aggressiv abgelehnt wie der christliche Moralanspruch."[8] So konstatiert der Infratest-Werteforscher Thomas Gensicke: „Das Christentum ist vielen nur noch der kulturelle Hintergrund, auf dem die Menschen sich ihre Religion zurechtlegen. Sich auf das christliche Abendland zu beziehen bedeutet nur noch Abgrenzung zum Islam."

---

7 Die zentralen Gedanken dieses Exkurses verdanke ich Eta Linnemann (vgl. Literaturverzeichnis).

8 Andreas Püttmann: *Gesellschaft ohne Gott. Risiken und Nebenwirkungen der Entchristlichung Deutschlands*, Aßlar (Gerth) 2010, S. 9 u. 18. Das anschließende Zitat ist ebenfalls diesem Buch entnommen.

4. Die Postmoderne

Wir sahen, dass das Denken der Moderne stark von der Aufklärung beeinflusst ist. Die Zeit, in der wir heute leben, bezeichnet man aber oft nicht mehr als „Moderne", sondern als „Postmoderne", was so viel bedeutet wie „Zeit nach der Moderne". Die Moderne geriet nämlich im 20. Jahrhundert in eine Krise, weil sich die Fortschrittsversprechen und Fortschrittshoffnungen nicht in erwarteter Weise erfüllten. Es wurde immer deutlicher, dass Vernunft und Wissenschaft nicht so leistungsfähig waren, wie es die Vertreter der Moderne gehofft bzw. vorausgesagt hatten. Trotz mancher Erfolge sah sich die Moderne im 20. Jahrhundert einer erschreckenden Bilanz gegenüber: zwei Weltkriege, Umweltzerstörung, Hungerkatastrophen, soziale Ungleichheit, Wirtschaftskrisen usw. Besonders deutlich wurde die Sinnkrise der Moderne nach dem Zweiten Weltkrieg. Deshalb datieren manche Historiker den Beginn der Postmoderne auf das Jahr 1945.

Die Postmoderne ist also, kurz gefasst, eine Sammelbezeichnung für eine Geisteshaltung bzw. eine Denkrichtung, die sich als Gegen- oder Ablösungsbewegung zur Moderne versteht. Der auf rationale Durchdringung und Ordnung gerichteten Moderne stellt die Postmoderne eine prinzipielle Offenheit, Vielfalt und Suche nach Neuem entgegen, die oft als Beliebigkeit kritisiert wird. Der Philosoph Paul Feyerabend brachte diese Überzeugung auf die berühmt gewordene Kurzformel „Anything goes" – alles ist möglich. Dies bedeutet, dass die unterschiedlichen Sichtweisen alle gleich gut und gleichberechtigt sind – alle besonderen Geltungsansprüche und Wahrheitsansprüche sind dage-

gen tabu. Erlaubt sind lediglich „subjektive Wahrheitsbe-
kenntnisse", unerwünscht sind Wahrheitsbehauptungen
mit objektivem Anspruch.

Ein anderer Begriff, unter dem man die Entwicklungen
zusammenzufassen versucht, ist „Neue Toleranz". Tradi-
tionell bedeutet Toleranz, dass man Glaubensüberzeugungen oder Verhaltensweisen anderer respektiert oder
duldet, auch wenn man sie nicht mag oder teilt. Sie setzt
somit eine eigene Überzeugung voraus. Bei der „Neuen
Toleranz" wird jedoch davon ausgegangen, dass es keine
allgemeingültige Wahrheit gebe. Folglich seien alle Werte
und Glaubensauffassungen gleich wahr und richtig. Alle
Lebensstile seien ebenfalls gleich richtig und alle (subjek-
tiven) Wahrheitsansprüche gleichwertig. Es genüge daher
nicht, andere Glaubensauffassungen und Verhaltensweisen zu respektieren. Man müsse sie gutheißen, ihnen zu-
stimmen und sie unterstützen. So kann man auch besser
verstehen, warum zum Beispiel die Homosexuellen- und
Genderlobby mit einem Anspruch auftritt, der keine andere Position gelten lässt[9] (mehr zu gesellschaftlichen Entwicklungen in der Nachkriegszeit im Anhang 4: Kritisches
zur 1968er-Bewegung).

---

9   Tragisch interessant ist in diesem Zusammenhang, dass heu-
    te oft behauptet wird, Moral sei persönlich oder sozial kon-
    struiert. Diese Leute treten dann aber mit dem Anspruch
    auf: „Eure moralischen Werte sind nur sozial konstruiert,
    aber meine gelten für jeden." „Diese selbstgerechte, wider-
    sprüchliche Haltung ist heute tief in unsere säkulare Kultur
    eingedrungen" (Timothy Keller: *Glauben wozu? Religion im
    Zeitalter der Skepsis*, S. 232).

Exkurs: Definition der Postmoderne

Der Soziologe Zygmunt Bauman charakterisiert die Postmoderne folgendermaßen:

„Postmoderne ist ein Freibrief, zu tun, wozu man Lust hat, und eine Empfehlung, nichts von dem, was man selbst tut oder was andere tun, allzu ernst zu nehmen. Sie ist die Aufmerksamkeit, die gleichzeitig in alle Richtungen gelenkt wird, sodass sie sich auf nichts länger konzentrieren kann und nichts wirklich eingehend betrachtet wird. Postmoderne ist die erregende Freiheit, jedes beliebige Ziel zu verfolgen, und die verwirrende Unsicherheit darüber, welche Ziele es wert sind, verfolgt zu werden, und in wessen Namen man sie verfolgen sollte. Die Postmoderne ist all das und vieles mehr. Aber sie ist auch – vielleicht mehr als alles andere – ein Geisteszustand.

Sie ist ein Geisteszustand, der sich vor allem durch seine alles verspottende, alles aushöhlende, alles zersetzende Destruktivität* auszeichnet. Es scheint zuweilen, als sei der postmoderne Geist die Kritik im Augenblick ihres definitiven Triumphes: eine Kritik, der es immer schwerer fällt, kritisch zu sein, weil sie alles, was sie zu kritisieren pflegt, zerstört hat. Dabei verschwand die schiere Notwendigkeit der Kritik. Es ist nichts übriggeblieben, wogegen man sich wenden könnte. In rastlosen, sturen Emanzipationsbemühungen* wurde eine Hürde nach der anderen genommen, eine Schranke nach der anderen durchbrochen und eine Plombe nach der anderen zerstört. Jeden Augenblick geriet eine bestimmte Einschränkung, ein besonders schmerzhaftes Verbot unter Beschuss. Das Ergebnis war schließlich eine universelle Demontage* machtgestützter Strukturen. Unter den Trümmern der alten, ungeliebten Ordnung ist jedoch keine neue, bessere Ordnung aufgetaucht. Die Postmoderne (und in dieser Hinsicht unterscheidet sie sich von der Moderne, deren rechtmäßige Erbin und Folge sie ist) strebt nicht danach, eine Wahrheit durch die andere, einen Schönheitsmaßstab durch einen anderen, ein Lebensideal durch ein anderes zu ersetzen. Stattdessen teilt sie die Wahrheit, den Maßstab und das Ideal in solche ein, die schon dekonstruiert* sind, und solche, die gerade dekonstruiert werden. Sie bereitet sich auf ein Leben ohne Wahrheiten, Maßstäbe und Ideale vor. Der postmoderne Geist scheint alles zu verurteilen und nichts vorzuschlagen. Zerstörung scheint das eigentliche Geschäft zu sein, von dem er etwas versteht, Destruktion* die einzige Konstruktion, die er anerkennt."[10]

---

10 Mehr zur Postmoderne auf www.jochenklein.de.

5. Glaube heute

Exkurs: Deutschlands Befindlichkeit

Einige Aspekte der Situation Deutschlands im 21. Jahrhundert werden in einem Buch von Stephan Grünewald dargestellt.[11] Zwar sind sie nicht unbedingt neu, und man könnte ihnen auch noch einiges hinzufügen, interessant aber dürfte es sein, welche Beobachtungen er zusammen mit seinen Mitarbeitern vom *rheingold*-Institut im Rahmen ihrer Kultur-, Markt- und Medienforschung um 2006 gemacht hat. Die Ergebnisse basieren auf 20.000 Interviews. Hier einige Erkenntnisse:

1. Erstaunlich viele Menschen in Deutschland kämpfen mit ähnlichen Grundproblemen. Egal ob Manager, Politiker, Arbeitnehmer, Mütter oder Studenten: Verschiedenste gesellschaftliche Gruppierungen beschreiben ein ähnliches Gefühl lähmender Orientierungslosigkeit und sprechen von diffusen* Zwängen oder Zuständen hektischer Betriebsamkeit. In den 90er Jahren hat sich eine Idealvorstellung vom Leben entwickelt, die besagt, dass es aus einem nicht endenden Strom berauschender Glücksverheißungen bestehe. Der Glaube, dass man das Paradies bereits auf der Erde verwirklichen könne, ist zu einer unbewussten Ersatzreligion geworden, die unsere Haltung zum Leben radikal verändert hat. Ein weiterer markanter Ausdruck des neuen Lebensstils

---

11 Vgl. Stephan Grünewald: *Deutschland auf der Couch. Eine Gesellschaft zwischen Stillstand und Leidenschaft,* Frankfurt am Main (Campus) 2006.

ist eine „coole" Gleichgültigkeit, mit der die Menschen heute der Welt begegnen. Diese „coole" Lebensstrategie ist mehr als eine souveräne Überlegenheitspose*, nämlich eine unbewusste Schmerzvermeidungsstrategie, ein ebenso verzweifelter wie ultimativer* Versuch, so etwas wie eine seelische Unverwundbarkeit herzustellen. Was unsere Gesellschaft beherrscht, sind weitsichtige Relativierungskünste des Problematisierens und Ironisierens aus der coolen Distanz, statt tatkräftig anzupacken. Die Medien werden ebenso wie Drogen, Rauschmittel oder Alkohol immer häufiger dazu eingesetzt, sich genau in die Stimmung zu bringen, die den persönlichen Lebensalltag erträglicher macht. So entwickelt sich nicht nur bei der Jugend immer stärker eine Sehnsucht nach einem greifbaren und für den Einzelnen verwirklichbaren Lebenssinn jenseits der Simulationen* und der einzelnen Superstarträume.

2. Durch die Maßlosigkeit der Ansprüche und die daraus resultierende Überprogrammierung des Lebens wird der Alltag überfrachtet. Unsere Gesellschaft reibt sich in rastloser Betriebsamkeit auf und verliert dadurch das wirkliche Leben und die eigentlichen Aufgaben aus dem Blick. Dazu gehört, dass die Menschen ständig in die Welt der Medien (Handys, Computer, Fernsehen) eintauchen, was gravierende Folgen für ihr Leben hat. Die Welt der Medien begegnet ihnen als Wunschtraum und unbewusste Ersatzreligion, als Paradiesvorstellung und digitales Lebensideal.

3. Bei vielen Menschen ist das ganze Leben entideologisiert und von den Fesseln der Moral, der Werte und der Dogmen* befreit. Eine „Relativitätstheorie" bestimmt das Denken. Diese besagt: Alles in dieser Welt ist relativ, es gibt keine absolute Wahrheit, keine letzten Gültigkeiten. Alles,

was die Ideologien* als Heilsweg verkaufen, ist nur eine Perspektive, eine Teilwahrheit unter vielen anderen gleichberechtigten Wahrheiten. Wahrheit ist kein Faktum, sondern eine Frage des momentanen Standpunktes. So gibt es auch keine ewigen Werte, sondern alles ist im Fluss und im Wandel. Das Handeln orientiert sich an konkreten Lebensnotwendigkeiten und nicht an einem Programm. Demgemäß ist auch die Comedy-Welle zu verstehen: Das heutige Leben ist nur noch erträglich, wenn am Abend all das wieder relativiert wird, was die Menschen am Tag berührt und beschäftigt hat. Auf der anderen Seite aber hoffen die Menschen, dass das Leben anders wird: Sie spüren die Sehnsucht nach dem wirklichen Leben. Auch bedienen Ratgeber die Sehnsucht nach verlässlicher Orientierung und nach eindeutigen Regieanweisungen für die Gestaltungen des Alltags. Daher boomt seit Jahren die Ratgeberbranche. Die Menschen leben heute in einer Welt, in der sie zwar die Freiheit gewonnen, Sinn und Zukunft aber verloren haben. Die Jugendlichen haben so das Gefühl, in einer sich auflösenden Welt zu leben, und suchen fieberhaft, Sinn und Halt zu finden. So ist tiefe Haltlosigkeit als Grunderfahrung festzustellen. Sie haben eher das pessimistische* Gefühl, dass die Welt immer unüberschaubarer, unbewältigbarer und unberechenbarer wird, sich in ihren Verlässlichkeiten, in ihren festen Ordnungen und Orientierungspunkten schleichend auflöst. So verharren sie in einer Lethargie*, bis ihnen jemand einen neuen Sinn und eine entscheidende Richtung weist. Es fehlt heute ein Leitbild, das den Menschen eine klare Richtung und Orientierung geben kann.

4. Die Gesellschaft hat in den letzten beiden Jahrzehnten versucht, den digitalen Traum aufrechtzuerhalten, nach dem man ewig sowie vollkommen frei und ungebunden unendlich viele Sinnmöglichkeiten in die eigenen

Lebenskreise einbeziehen kann. Der Versuch, auf unendlich vielen Hochzeiten zu tanzen, hat die Gesellschaft schließlich in den Zustand der rastlosen Überdrehtheit und Erschöpfung gebracht. Das Paradies der tausend Möglichkeiten hat sich immer mehr als ein alle Kräfte verzehrendes Sinnvakuum entpuppt. Die heute wieder aufkommende Frage nach dem wirklichen Sinn und die Sehnsucht nach einem erfüllten Leben erfordert die entschiedene Abkehr von der Sinninflation und ihrer Philosophie des „Alles ist möglich".

5.1. Aberglaube

Vom „unchristlichen" Deutschland ist mittlerweile die Rede. Und davon, dass sich mancher seinen Gott selbst zusammenbastelt. So wendet man sich immer mehr diversen Glaubens- und Aberglaubenslehren zu. Viele davon vereinigen Elemente aus Astrologie, Okkultismus und östlichen Religionen, wobei die Magie eine große Rolle spielt. Esoterik ist das Stichwort. Gemeint ist damit ein Sammelsurium verschiedenster Lehren: Übersinnliches, fernöstliche Religionsphilosophien oder Naturreligionen bis hin zu Satans- und Hexenkulten, Astrologie und alternativen Heilmethoden.

Da der Aberglaube aktuell ist, schreiben viele Menschen manchem irgendwie Auffälligen oder Ungewöhnlichen schicksalhafte Bedeutung zu. So glaubt man, fallende Bilder würden Unheil voraussagen, beim Anblick einer Sternschnuppe dürfe man sich etwas wünschen oder wenn man am Morgen eine schwarze Katze oder einen Schornsteinfeger sehe, werde davon der ganze Tag beeinflusst werden. Der zunehmende Aberglaube wird auch im

Sternenglauben (Astrologie und Horoskope) sowie in dem Befragen von Orakeln, Kaffeesatz und Wahrsagern sichtbar. Wenn es um Glück oder Unglück, um Tod oder Leben geht, versucht so mancher sogenannte „moderne Mensch" den „normalen" Gang der Dinge zu beeinflussen und zeigt somit, dass er zumindest an diese Phänomene glaubt.

Die Entwicklungsgeschichte des Aberglaubens macht deutlich, dass die Grundzüge im Wesentlichen immer dieselben geblieben sind. Einzelne heutige Merkmale lassen sich in den gleichen Formen schon für die griechische und römische Antike belegen.

Das Gottesbild der Deutschen bestimmt also heute in weiten Teilen „der Glaube an einen Gott aus vielen Elementen, die sich in der Natur, im Universum, in der Tradition und in der Erfahrung finden" (*Focus*). Damit nähert sich die Gesellschaft wieder der vorchristlichen Situation, als Magie, Aberglaube und Okkultismus für viele Menschen bedeutend waren.

5.2. Atheismus

Atheistische Tendenzen hat es schon immer gegeben, aber viele Jahrhunderte lang hatten sie nur geringe Bedeutung. Erst als man in der Renaissance (15./16. Jahrhundert) die Antike wiederentdeckte und den Verstand des Menschen über den Glauben stellte, wurden atheistische Thesen vermehrt aufgegriffen. Oft zeigte sich darin ein Protest gegen die herrschende Meinung bzw. die Meinung der Herrschenden. Der Lebenswandel der Machthaber im Staat und oft auch in der Kirche war nicht gerade dazu angetan, den von ihnen zumindest bekenntnishaft vertretenen Glauben besonders glaubwürdig erscheinen zu lassen.

Aber schon bald wurden den Menschen im 16. Jahrhundert die dunklen Seiten des Atheismus deutlich: Man stellte fest, dass durch den Atheismus in manchen Städten die Selbstmorde zunahmen. In den Kreisen der gebildeten Atheisten breitete sich zunehmend ein Gefühl des Lebensüberdrusses und der existenziellen* Angst des Individuums aus. Das resultierte aus dem Bewusstsein, allein zu sein in einer Welt ohne Gott und ohne Sinn. Aus einem Atheismus, der einmal angetreten war, die Menschen zu einem ungehemmten, lustvollen Leben zu befreien, wurde plötzlich ein Alptraum. Dieser Alptraum zeigt sich sowohl in der Verzweiflung vieler Menschen heute als auch in der mancher bekannten Schriftsteller und Künstler, was man auch an ihren Werken erkennt.

Im Zuge der Aufklärung drängte der Atheismus dann immer mehr ins Bewusstsein der Öffentlichkeit. Das Ergebnis dieses Atheismus, des vermeintlichen Sieges der Vernunft und des Menschen gegen Gott, war am Schluss grenzenloser Pessimismus*: Das Leben ist sinnlos, der Tod erst recht, und es bleibt das Nichts. Diesen Weg führte Friedrich Nietzsche (1844–1900) gedanklich konsequent zu Ende: Nach dem vermeintlichen Tod Gottes ist nicht nur alles erlaubt und das Ende der Moral gekommen; der „befreite" Mensch ist in einer Position, über die angeblich niemandem mehr ein Urteil zusteht. Geht man diesen Weg logisch zu Ende, hat man keine Argumente mehr gegen die skrupellose Macht und die Taten von Hitler, Stalin oder Mao Tse Tung, die Millionen Menschen ihrer eigenen übermenschartigen Göttlichkeit opferten. Genau da, wo Nietzsche endet, endet aber auch der Buddhismus, nämlich im Nichts („Nirwana").

Atheistisch ist auch die Psychoanalyse Sigmund Freuds (1856–1939). Er versuchte, den Glauben an Gott als eine psychische Störung darzustellen. Dies war aber nur eine neue Möglichkeit, den eigenen, längst entschiedenen Atheismus mit neuen Bildern und Worten auszudrücken. Karl Marx (1818–1883) postulierte* in dieser Tradition den Materialismus*, der besagt, dass es nichts außer Materie gibt, also auch keinen Gott. Die Folgen dieses Denkens lassen sich in ehemals kommunistischen Ländern bis heute beobachten.

Die konkreten Ausprägungen des Atheismus variieren seit der Antike leicht. Die Folgen bis heute sind, dass eine große allgemeine Verunsicherung herrscht, die große Suche, die bereit ist, auf der Stelle alles und jedes zu glauben. In letzter Zeit ist zu beobachten, dass die Atheisten mit ihren Ideen vermehrt an die Öffentlichkeit treten und zum Teil massiv gegen den Glauben vorgehen. Eines ihrer – durchaus berechtigten – Argumente gegen Christen, die die Bibelkritik vertreten, ist dabei, dass diese ja selbst viele Meinungen hätten, was in der Bibel richtig oder falsch sei, und bei ihnen somit kein Konsens* über eine gemeinsame Basis existiere. Denjenigen aber, die an die Wahrheit der Bibel glauben, werfen sie „Fundamentalismus" vor und meinen damit oft, dass diese Leute den Verstand ausschalteten sowie wissenschafts- und fortschrittsfeindlich seien.

5.3. Wissenschaft und Glaube

Bei vielen Menschen existiert die Vorstellung, dass Wissenschaft und Glaube Gegensätze seien. Ursprünglich gab es im Christentum den Kampf zwischen Glauben und Wissenschaft nicht. Infolge der Aufklärung wurde (der christliche) Gott aber zu einem tyrannischen Gott gemacht, der die Freiheit des Denkens und Forschens verhindern wolle und gegen den man sich insgeheim oder öffentlich zur Wehr setzen müsse. Oder man stellte sich Gott als einen privaten, harmlosen Gott vor, den man nicht ernst zu nehmen brauche. Der sowjetische Diktator Josef Stalin (1878–1953) meinte beispielsweise: „Ich bin gegen die Religion, weil ich für die Wissenschaft bin." Und der Philosoph und Freidenker Ernst Haeckel (1834–1919) behauptete 1900 in seinem Buch *Die Welträtsel*, demnächst werde der Zeitpunkt erreicht sein, da alle Naturgesetze entdeckt seien und nichts für die Wissenschaft Unerklärliches und Unberechenbares mehr unter der Sonne passieren könne. Bei beiden kann man sehen, dass sie Wissenschaft und Atheismus geradezu gleichsetzten.

In ähnliche Richtung gehen heute die sogenannten „Neuen Atheisten". Zu diesen gehört zum Beispiel der Oxforder Evolutionsbiologe Richard Dawkins, der der Meinung ist, dass Glaube eine Wahnvorstellung sei, Wissenschaft dagegen auf Belegen beruhe. Dem ist allerdings entgegenzuhalten, dass viele Wissenschaftler aus Vergangenheit und Gegenwart durchaus an Gott glaub(t)en. Eine zentrale Frage ist, ob man glaubt, dass am Anfang unserer Welt planlose Materie stand, die durch „natürliche Selektion*" immer komplexer* wurde und schließlich Geist hervorbrachte, oder ob man daran glaubt, dass am Anfang Gott alles schuf. Der Oxforder Mathematiker John Lennox schreibt dazu in seinem Buch *Hat die Wissenschaft Gott begraben?*: „Entweder verdankt die menschliche Intelligenz ihre Entstehung letztlich geist- und zweckloser Materie, oder es gibt einen Schöpfer. Es ist seltsam, dass einige Menschen behaupten, ihre Intelligenz führe sie dahin, die erste der zweiten Möglichkeit vorzuziehen."

Man kann Spuren von Gottes Handeln in der Welt erkennen, wenn man sein Handeln vorher nicht methodisch ausschließt und die Welt nur unter der Voraussetzung betrachtet, als gäbe es keinen Gott. Unsere Wirklichkeit, unsere Erfahrungen beinhalten mehr als das, was sich mit rein naturwissenschaftlichen Methoden erforschen lässt. Die Naturwissenschaften befassen sich mit „Wie-Fragen": Wie funktioniert etwas? Wie laufen Prozesse in Raum und Zeit ab? Andere Fragen, die von großer Bedeutung sind, bleiben dabei offen. Dazu gehören: Warum gibt es uns überhaupt? Was ist der Sinn des Lebens? Die Naturwissenschaften können uns sagen, was wir tun müssen, um bestimmte Ziele zu erreichen. Aber bei Wertentscheidungen, also ob wir diese Ziele überhaupt erreichen *sollten*, können sie uns nicht helfen. Antworten darauf müssen wir woandersher bekommen.

Der Physiker Hans Peter Dürr, ehemaliger Direktor des Münchner Max-Planck-Instituts, beantwortete die Frage „Was hat Wissenschaft mit der Wirklichkeit zu tun?" einmal mit einem Gleichnis, das hier sinngemäß zusammengefasst wird: Ein Mann sitzt am Ufer und fängt Fische. Ein Wanderer kommt vorbei und fragt ihn: „Was tust du?" – „Ich fange Fische." – „Was kannst du über Fische aussagen?" – „Sie haben alle eine Querschnittsfläche von mehr als neun Quadratzentimetern." Der Wanderer lässt sich das Netz zeigen. Es hat Maschen mit einer Weite von 30 Millimetern. Daraufhin sagt er: „Wenn es kleinere Fische gäbe – und ich meine, solche gesehen zu haben –, so könntest du sie nicht fangen, sie würden durch dein Netz hindurchschlüpfen." Darauf der Fischfänger mit Selbstbewusstsein: „Was ich nicht fangen kann, ist kein Fisch."

So arbeitet die Wissenschaft: Sie hat ein bestimmtes Netz und fängt damit bestimmte Fische oder, um es etwas abstrakter zu sagen: Sie stellt bestimmte Fragen und erhält darauf bestimmte Antworten. Wonach sie nicht fragt, darauf bekommt sie auch keine Antworten. Nach Dürr gibt es einige „Fische", die man mit den Netzen der Wissenschaft prinzipiell nicht einfangen kann: ästhetische Fragen (was ist Schönheit?) und religiöse Fragen. Stellen wir uns Gott als jemand vor, der alles geschaffen hat, auch uns mit unseren Netzen – mit welchem Netz welcher Wissenschaft sollten wir ihn einfangen können? Das ist prinzipiell nicht möglich. Wir können über Gott nur dann Aussagen machen, wenn er sich uns Menschen mitteilt, da er sonst weit über unser Begriffsvermögen hinausreicht.

Wissenschaft ist ein Zugang zur Wirklichkeit, aber nicht der allein gültige. Viele für uns wichtige Erfahrungen religiöser und künstlerischer Art können mit Wiegen, Messen und Beobachten nicht einmal annähernd erfasst werden. Diese Einschränkung mindert nicht den Wert der (Natur-)Wissenschaften für unser Leben (denken wir allein an den medizinischen Fortschritt), weist aber auf ihre Grenzen hin. Glaube und Wissenschaft sind keine Gegensätze. Viele Wissenschaftler haben sich mit den Gesetzen der Natur beschäftigt, weil sie von einem Gesetzgeber fest überzeugt waren. Schließlich sollte man noch bedenken, dass Wissenschaftler sich zwar auf ihrem Gebiet meistens sehr gut auskennen und oft auch Hervorragendes leisten; häufig werden sie aber über Gott befragt, obwohl sie darüber nicht mehr zu sagen haben als ein Bäcker, Polizist oder Manager. Im Zusammenhang mit der Frage nach dem Sinn des Ganzen sind sie nicht zwangsläufig kompetenter als andere Menschen. Hier helfen einem keine akademischen Abschlüsse.

Der Kirchenvater Augustinus (354–430) sah eines Tages einen Jungen am Meer spielen und schaute ihm eine Weile zu. Der Junge schöpfte geduldig mit einer Muschel Wasser aus dem Meer in eine Kuhle, die er im Sand gegraben hatte. Als Augustinus ihn fragte, warum er das tue, antwortete der Junge: „Ich versuche, das Meer in diese Kuhle zu schöpfen." Augustinus spürte, dass er die Antwort auf sein Suchen erhalten hatte: Gott ist unermesslich wie das Meer. Wenn man mit dem menschlichen Verstand versucht, ihn ganz und erschöpfend zu erfassen, ist man ein Knirps, der sich übernimmt. Diese Geschichte sagt auch noch etwas anderes: Es ist unmöglich, das Meer auszuschöpfen, aber man kann beginnen, sich um die Erkenntnis Gottes zu bemühen.[12]

Exkurs: Sinn suchen

Ständig muss Martin darüber nachdenken, was das alles für einen Sinn hat. Was bringt es zum Beispiel, sich zu freuen und zu vergnügen? Da niemand eine überzeugende Antwort hat, wird er von Tag zu Tag unglücklicher und versinkt immer mehr in Resignation*. Der 11-Jährige hat eine echte Sinnkrise. Seine Altersgenossen verstehen aber nicht einmal die Fragen, die ihn plagen.

Viel später schreibt der Arzt und Therapeut Dr. Martin Jost: „Auf den ersten Blick könnte man diese Geschichte als ‚schwarze Stunde' in meinem Leben bezeichnen. Es war wirklich nicht viel Schönes daran: viel Verzweiflung und Resignation ... Aber je länger ich darüber nachdenke, desto eher bin ich der Überzeugung, dass ... es sich um eine eigentliche Sternstunde gehandelt hat." Diese Krise hat „mir den Blick geöffnet für eine Fragestellung, an der viele Zeitgenossen unter Umständen ihr Leben lang vorbeigehen ... So deprimierend es damals war, auf diese

---

12 Zentrale Gedanken verdanke ich Jürgen Spieß vom Institut für Glaube und Wissenschaft (iguw).

zentrale Frage keine Antwort zu erhalten, so befreiend ist es heute, dass dieses Grundbedürfnis auf überwältigende Art und Weise gestillt ist! Es ist klar geworden, welch ungeheure Bedeutung Fragen nach dem Sinn haben, welches Urbedürfnis des Menschen hier angesprochen wird und in welche Tiefen wir fallen können, wenn hier die Antworten ausbleiben".

Das Thema Sinn hat Konjunktur*, denn die Sinnfrage zieht sich wie ein roter Faden durch unser Leben. Heutzutage ist die Suche nach Sinn jedoch offensichtlich zu einem Problem geworden. Der Wiener Neurologe und Psychiater Viktor E. Frankl erklärt, die meisten Menschen hätten in den Industrieländern genug, wovon sie leben könnten, aber viele wüssten nicht mehr, *wofür* sie zu leben hätten. In der heutigen Wohlstandsgesellschaft gehe das Sinnbedürfnis des Menschen leer aus.

Viele Menschen ahnen, dass Sinn in „so etwas wie Gott" zu finden sein könnte. Sie suchen daher Antworten bei allerlei Göttern und Gurus, in verschiedenen Religionen und Religionsformen. Die Beliebigkeit, mit der man zwischen den verschiedenen Sinnmöglichkeiten wählt, hängt auch mit dem Zeitalter der „Postmoderne" zusammen, in dem wir leben (s. o.).

In früheren Zeiten hatten viele Menschen den Blick auf das Jenseits gerichtet und wurden in ihrem Leben dadurch bestimmt. Demgegenüber glauben die meisten Deutschen heute kaum noch an ein Leben nach dem Tod; sie interessieren sich nahezu nur noch für das Diesseits. Daher versuchen sie, aus dem gegenwärtigen Leben herauszuholen, was herauszuholen ist. Denn wenn man keinen Himmel mehr als Perspektive hat, ist das Leben auf der Erde die einzige Gelegenheit, zu leben und etwas zu erleben. So erwarten die Menschen von diesem auf sieben oder acht Jahrzehnte befristeten Leben eigentlich alles. Was in diesem Leben nicht stattfindet, findet ihrer Meinung nach überhaupt nicht statt. Kristine formuliert: „Ich bin aufgewachsen mit dem Satz ‚Nach mir die Würmer‘. Es lohnt nicht, sich über den Tod den Kopf zu zerbrechen, ich bin auf eine Überraschung eingestellt. Lebendigkeit ist der Sinn des Lebens.“

So lebt man dann sein Leben, indem man versucht, die positiven Erlebnisse zu maximieren*: Spaß haben, exotische Hobbys, Urlaubsreisen in entlegene Länder, luxuriöse Autos, sexuelle Abenteuer. Dabei wird eins immer deutlicher: In Spaßmaximierung und materiellen Dingen lassen sich Sinn und Zuversicht nicht finden. Der Trend zum einfacheren Leben, aber auch die neue Sparsamkeits- und Geizwelle zeigen, dass die Konsumwelt als Sinnquelle immer mehr versiegt. Materielle Werte und Spaß können das leere Selbst nicht dauerhaft füllen. Die Frage nach dem Sinn des Lebens drängt wieder in den Vordergrund – und mit ihr die Frage nach den Quellen des Sinns.[13]

Sinn finden

Nicht immer hatten die Menschen mit der Sinnlosigkeit ihrer Existenz Probleme. Zu Beginn der Menschheitsgeschichte lebten die Menschen im Garten Eden in einem

---

13 Hierzu schreibt Timothy Keller: „Manche Menschen haben versucht, ihre innere Leere mit Millionen von Dollars und unkontrollierter Macht zu füllen, um ihre Impulse und Gelüste zu befriedigen. Doch die Jahrhunderte bezeugen, dass selbst Dinge diesen Ausmaßes das Vakuum nicht füllen können. Das belegt eindrucksvoll, dass die Höhle in unserer Seele tatsächlich unendlich tief ist“ (Timothy Keller: *Glauben wozu? Religion im Zeitalter der Skepsis*, S. 120).

„paradiesischen" Zustand ohne Sorgen, Mühe, Angst oder Konflikte, und sie hatten Umgang mit Gott. Dieser wurde dann aber unterbrochen, weil die Menschen gegen Gott rebellierten. Sie wollten sein wie er. Sie übertraten Gottes Gebot, und so war die Beziehung zwischen Gott und Menschen gestört. Die Menschen mussten den Garten verlassen. Stabilität, Kontinuität und Harmonie waren dahin, und bis heute geht es auf und ab, es gibt Aufbau und Zerstörung, Krieg und Frieden.

Gott hatte den Menschen mit einem Willen ausgestattet, und darin war inbegriffen, dass er sich gegen ihn auflehnen konnte – was dann auch geschah. Das hatte aber noch weitreichendere Folgen: Der Wunsch nach Unabhängigkeit führte dazu, dass die Menschen von der Sünde abhängig wurden. Sie versuchten, ein sinnerfülltes Leben ohne Gott zu schaffen, und scheiterten immer wieder. Weil die Menschen Gott aus ihrem Leben strichen oder ihn kaum beachteten, versanken sie in Mordlust, okkulte oder abergläubische Praktiken, Hurerei, Bosheit, Streit usw. Die Bibel nennt dies sündigen. Dazu gehört aber zum Beispiel auch lügen, stehlen, habgierig und egoistisch sein, neiden, verleumden, sich berauschen und sich eigenen Idolen zuwenden. Jeder Mensch hat gesündigt und ist somit Gott gegenüber schuldig. Die Folge davon ist ein unerfülltes Leben und nach dem Tod die Hölle, die ewige Trennung von Gott.

Es gibt jedoch eine Möglichkeit, ein sinnerfülltes Leben zu bekommen und nach dem Tod für ewig gerettet zu werden. Dazu muss man einsehen, dass es nicht gelingt, Erfüllung und Befriedigung aus eigener Kraft zu finden. Man muss sich von seinen bisherigen Vorstellungen abwenden und Jesus Christus – der an unserer Stelle für die Sünden starb – seine Sünden bekennen. Er verspricht: „Wer zu mir kommt, den werde ich nicht hinausstoßen" (Johannes 6,37). Und: „Wer mein Wort hört und dem glaubt, der mich gesandt hat, hat ewiges Leben und kommt nicht ins Gericht, sondern ist aus dem Tod ins Leben hinübergegangen" (Johannes 5,24). Jesus Christus ist der Sohn Gottes und vom Himmel gekommen, am Kreuz gestorben und wieder auferstanden, um den Satan zu besiegen. Dieser versucht als Feind Gottes und der Menschen mit List und durch Gewalt zu entzweien, zu zerstören und Menschen in seinen Bann zu ziehen. Er will, dass sie sich nicht Gott, sondern der Esoterik, dem Aberglauben oder ausschließlich der Zerstreuung widmen. Er versucht auch zu verhindern, dass die Menschen Hoffnung und eine gute Perspektive bekommen. In der Zukunft wird er dafür aber bestraft und zur Wirkungslosigkeit verurteilt werden.

Unsere Sehnsucht nach einem sinnerfüllten Leben entspringt also unserer Bestimmung für Gott. Wir sind zur Gemeinschaft mit Gott geschaffen worden. Dazu können wir aber nur gelangen, wenn wir zu einer echten Beziehung zu Jesus Christus finden. Je mehr ein Christ dann in dieser Bestimmung lebt, desto mehr wird seine Sehnsucht nach Gott gestillt.

Wenn es für Martin damals eine „Sternstunde" war, sich mit dem Sinn des Lebens beschäftigt zu haben, dann ist es auch wünschenswert, dass jeder andere diese Sternstunde erlebt, da uns – wie Martin – vielleicht deutlich geworden ist, „welch ungeheure Bedeutung Fragen nach dem Sinn haben, welches Urbedürfnis des Menschen hier angesprochen wird und in welche Tiefen wir fallen können, wenn hier die Antworten ausbleiben".

6. Gott und die Götter

Wie wir oben gesehen haben, kam Paulus auf seinen Missionsreisen mit dem Götzenkult der damaligen Zeit in Berührung. Als er auf seiner zweiten Missionsreise nach Athen kam, sah er dort die Stadt voll von Götzenbildern. Auf dem Areopag* wandte er sich an die Menschen, unter denen auch Philosophen waren, und sagte: „Nachdem nun Gott die Zeiten der Unwissenheit übersehen hat, gebietet er jetzt den Menschen, dass sie alle überall Buße* tun sollen, weil er einen Tag festgesetzt hat, an dem er den Erdkreis richten wird in Gerechtigkeit durch einen Mann, den er dazu bestimmt hat, und er hat allen den Beweis davon gegeben, indem er ihn auferweckt hat aus den Toten." Als die Zuhörer „von Toten-Auferstehung hörten, spotteten die einen, die anderen aber sprachen: Wir wollen dich darüber auch nochmals hören. So ging Paulus aus ihrer Mitte weg. Einige Männer aber schlossen sich ihm an und glaubten" (Apostelgeschichte 17,30–34).

Seitdem das Evangelium gepredigt wird, stößt es auf ähnliche Reaktionen. Von Anfang an stellte sich die Frage nach dem Verhältnis zwischen dem Evangelium und der Vernunft des Menschen. Der griechische Geist empfand die Botschaft vom Kreuz als Torheit, und den Juden war sie ein Ärgernis (vgl. 1. Korinther 1,23). Andere aber nahmen sie an und wurden dadurch gerettet. Paulus nennt das Evangelium im Brief an die Römer „Gottes Kraft jedem Glaubenden" (1,16). Was bedeutet diese Botschaft genau?

Das Evangelium von Jesus Christus wird auch „die gute Botschaft" genannt. Sie bedeutet, dass jeder Mensch gesündigt hat, dass er normalerweise deshalb ewig von Gott entfernt wäre und mit dem Satan in der Hölle Qualen erleiden müsste – und dass es eine Rettung gibt, weil Jesus Christus am Kreuz für die Sünden gestorben und dann auferstanden ist. Um für ewig gerettet zu werden, muss man sein Leben überdenken, umkehren und dem Sohn Gottes, Jesus Christus, seine Schuld bekennen. Es gibt nicht viele Wege zu Gott, sondern nur diesen einen: Gott, der die Menschen liebt, sandte seinen Sohn, „damit jeder, der an ihn glaubt, nicht verloren gehe, sondern ewiges Leben habe" (Johannes 3,16).

Schuld ist ein Grundproblem jedes Menschen. Manche Hirnforscher behaupten zwar, es gebe sie nicht, weil das Gehirn einfach so funktioniere, und Psychologen kennen nur Schuldkomplexe. Doch muss sich jeder mit seiner menschlichen Schuld Gott gegenüber stellen und sie auch bewusst beim Namen nennen, denn nur der allmächtige Gott kann Schuld vergeben und möchte sie tilgen. Jesus Christus sucht Schwache und Schuldige und verkündet allen Menschen Erlösung.

Es gilt also, sich zu entscheiden, ob man der eigenen Vernunft (wie seit dem Zeitalter der Aufklärung häufig), ob man östlichen Religionen, verschiedenen Sekten, Aberglaubenslehren und Göttern glauben möchte oder der Bibel, dem Wort Gottes. Dieser Gott ist nicht ein abstrakter, kühler Gott der Wissenschaft, der Vernunft oder der Philosophie, sondern einer, der unsere Sehnsucht erfüllen kann, der Person ist, dem wir begegnen können, der (auch in der Bibel) zu uns redet und zu dem wir beten können.

Der französische Mathematiker, Physiker, Literat und Philosoph Blaise Pascal (1623–1662) hatte immer einen schmalen Pergamentstreifen als Erinnerungsblatt bei sich. Er war in das Futter seines Rockes eingenäht. Der Text darauf lautete: „Gott Abrahams, Gott Isaaks, Gott

Jakobs, nicht der Gott der Philosophen und Gelehrten … Nur auf den Wegen, die das Evangelium lehrt, ist er zu finden … Das ist aber das ewige Leben, dass sie dich, der du allein wahrer Gott bist, und den du gesandt hast, Jesum Christum, erkennen … Möge ich nie von ihm geschieden sein."

Exkurs: Christlicher „Fundamentalismus"

„Fundamentalismus" ist seit einigen Jahrzehnten ein Modewort der öffentlichen Diskussion, ein politisches und religiöses Schlagwort. Journalisten, Politiker, Soziologen, Philosophen, Theologen und Kirchenvertreter klagen über die Ausbreitung des „Fundamentalismus" als Gefahr für Frieden und Fortschritt. Schaut man sich ihre Beiträge genauer an, stellt man meist fest, dass sie „Fundamentalismus" nicht als klar definierbare Bezeichnung verwenden, sondern als Kampfbegriff, mit dem man Personen(-gruppen), die vom Zeitgeistdenken abweichen, aburteilen und disqualifizieren kann. So sagte zum Beispiel der Philosoph Daniel Dennett, einer der extremsten Anhänger der Evolutionslehre, in einem Interview mit dem Magazin *Der Spiegel*: „Wir haben es mit einer Allianz aus evangelischen Fundamentalisten und rechten Politikern zu tun.[14] Sie wollen in Amerika eine Gottesherrschaft errichten." Im selben Interview kritisiert der Philosoph den Glauben als eine Erfindung des Menschen. Das aber, so meint er, wollten die „Fundamentalisten" nicht wahrhaben – und kämpften dagegen.

---

14 Dabei müssen wir bedenken, dass aus der Perspektive der politisch und gesellschaftlich einflussreichsten Mehrheit biblische Grundsätze weitgehend als rechts bzw. konservativ gelten.

Bei der Verwendung des Begriffs ist es oft gleichgültig, ob die „Fundamentalisten" dem Islam oder dem Christentum angehören. Muslimische Massenmörder und Christen, die der Wahrheit der Bibel vertrauen, werden auf eine Stufe gestellt und als „fundamentalistische Gefahr" porträtiert. Der „Fundamentalismus" ist – diesen Eindruck gewinnt man bei vielen Äußerungen, vor allem in den Medien – der Inbegriff der finsteren Mächte, die heute aktuellste Gefahr für den Frieden in der Welt, in der Gesellschaft oder in der Kirche. Dabei werden gläubige Christen pauschal als „Fundamentalisten" bezeichnet und im Denkmuster der Öffentlichkeit somit zur Gefahr stilisiert.

Woher kommt eigentlich der Begriff „Fundamentalismus"? Er steht im Zusammenhang mit der Entwicklung der amerikanischen Kirchengeschichte. In den Jahren 1910–1915 erschien in Chicago die zwölfbändige Schriftenreihe *The Fundamentals: A Testimony of the Truth* (*Die Fundamente: Ein Zeugnis der Wahrheit*). In diesen Bänden setzten sich Theologen mit der Kritik an biblischen Aussagen auseinander. Ziel war es, grundlegende, eben „fundamentale" christliche Überzeugungen zu verteidigen, die vorher ins Kreuzfeuer der liberalen Kritik geraten waren. Hauptthemen waren die Jungfrauengeburt, die Auferstehung Jesu und die Autorität der Bibel. Seit nunmehr über 100 Jahren wird der Begriff „Fundamentalisten" auf Christen angewandt, die sich zu wichtigen Fundamenten und Aussagen der Bibel bekennen, wobei die Bezeichnung anfangs fast als Ehrentitel zu verstehen war.

Der Auslöser für eine zunehmende Verwendung des Fundamentalismus-Begriffs in den Medien und damit in der breiten Öffentlichkeit war jedoch die islamische Revolution des Ayatollah Khomeini im Iran Anfang 1979. Der Islamist verwarf die Industrialisierungs- und Modernisierungspolitik des Schahs, lehnte Pluralismus* und Demokratiebewegungen ab, verwarf eine Trennung zwischen Religion und Staat und somit eine Durchsetzung der Religionsfreiheit und Menschenrechte. Khomeini berief sich auf den Absolutheitsanspruch des Korans und der islamisch-schiitischen Überlieferungen – und wurde fortan als „Fundamentalist" bezeichnet.

Der Begriff „Fundamentalismus" hat also in der öffentlichen Verwendung und Wahrnehmung eine Wandlung erfahren – bis die Bezeichnung in aktuellen Diskussionen um Abtreibung und Evolution auch auf Christen angewandt wurde, die nun als ebenso gefährlich gelten wie ein muslimischer Ayatollah.

In der Internet-Enzyklopädie Wikipedia war 2007 unter dem Stichwort „Fundamentalismus" zu lesen: „In der europäischen Presse wird diese Abneigung [gegen den amerikanischen Fundamentalismus] oft am Thema Kreationismus* gezeigt. Grund hierfür ist auch der medienökonomische Sachzwang, mit möglichst wenig Aufwand bei der Leserschaft möglichst viel emotionales Engagement hervorzurufen". Dass dies zutrifft, zeigen manche Mediendiskussionen. Beachtenswert ist auch die Feststellung von Jan Ross in der *Zeit*: „Was an der Fundamentalismusdiskussion indes bedenklich stimmt, ist eine oft geradezu irrationale* Angst vor jeder Art von unbedingten Wahrheitsansprüchen und Glaubensgewissheiten. Als Gefahr für die liberale Gesellschaft gilt vielfach nicht nur, wer dem anderen seine Überzeugungen aufzwingen will, sondern schon, wer überhaupt welche hat". So kann davon ausgegangen werden, dass die Fundamentalismusdiskussion in Zukunft immer wieder aufflammen wird.

Wenn im Zuge der Debatte um die Frage, wer denn eigentlich „Fundamentalisten" sind, auch Christen mit dem Begriff bezeichnet werden, wird der Bedeutungswandel des Wortes schlicht ignoriert. Im heutigen allgemeinen Verständnis sind „Fundamentalisten" Menschen, die durch Gewalt ihre Glaubensüberzeugungen vertreten und verbreiten wollen. Es dürfte unzweifelhaft sein, dass gerade diese Kriterien auf gläubige Christen hierzulande nicht zutreffen.

Anhang

Anhang 1: Stars

„Er war längst berühmt für seinen Gesang; er war berüchtigt für die Sauf-Exzesse, die er seiner Leber und seinen Lieben zumutete ohne Rücksicht auf Verluste – und er hatte eine legendäre, den Großstadtverkehr lahmlegende Teenager-Hysterie* verursacht, bei der 30.000 kreischende junge Menschen ein Kino belagerten, in dem er ein Konzert gab" (*Spiegel Kultur: Wie aus Menschen Idole werden*). So leitet Wolfgang Höbel einen Artikel über Robbie Williams ein und lässt dann folgen: „Nein, hier ist noch nicht die Rede von Robbie Williams, sondern von seinem großen Vorbild Frank Sinatra."

Der Weg zum Star begann für Williams vor der Jukebox* in der Kneipe seiner Mutter. Er bemerkte früh, dass sein Tanzen den Leuten gefiel, und sagt: „Damals habe ich gelernt, mit Charme eine Art von Aufmerksamkeit zu erzeugen, die süchtig machen kann. Wenn du singst, bewundern sie dich. Wenn du einen Witz erzählst, lachen sie. Also egal, was du tust, wenn du es nur richtig anstellst, findest du ein Publikum." Dass dieses Publikum aber auch seine Schattenseiten hat, zeigt beispielsweise sein Kampf gegen die Verleumdungen der Klatschpresse.

Es gibt viele Beispiele dafür, dass sich Stars ab einem gewissen Zeitpunkt von den Fans bedrängt oder sogar verfolgt fühlen. So schreibt Matthias Matussek in seinem Artikel „Preis des Erfolges", ebenfalls in *Spiegel Kultur*: „Stars sind offensichtlich dazu da, gleichzeitig angebetet und missbraucht zu werden. Wir zerren an ihnen, weil sie ständig an uns herumzerren, an unseren Gefühlen, unseren Träumen, weil sie es sind, die zunächst mal diese falsche Nähe herstellen im Dunkel des Kinosaals. Sie sind Freunde, Geliebte, Wunschsöhne, Wunschväter, Wunschpartner."

Der Philosoph Georg Franck hat ein Buch zum Thema Aufmerksamkeit veröffentlicht, dessen zentrale These lautet: „Die Aufmerksamkeit anderer Menschen ist die unwiderstehlichste aller Drogen. Ihr Bezug sticht jedes andere Einkommen aus. Darum steht der Ruhm über der Macht, darum verblasst der Reichtum neben der Prominenz" (Klappentext). Um zu maximaler Aufmerksamkeit zu gelangen, formulierte Williams als Hauptziel für sich selbst: „Sieh zu, dass du wirklich jeden amüsierst." In seiner Biographie wird aber deutlich, dass er dadurch nicht zur Zufriedenheit gelangen konnte. Auch viele seiner Songs vermitteln diesen Eindruck: In „Come Undone" besingt er sein Leben als Lüge („If I stopped lying I'd just disappoint you"), oder in „Singing For The Lonely" berichtet er von seiner Paranoia*, er könnte die Menschen eines Tages nur noch langweilen („scared of you always thinking that I'm boring"). Selbst erwähnt er, dass er fast alle verfügbaren Drogen ausprobiert habe. In einem Interview sagte er: „Von null auf hundert bekannt zu werden ist die irrste Bewusstseinsexplosion, die man sich nur vorstellen kann. Aber was kommt dann? Eine Welt, in der du belächelt, beschimpft und wie Dreck behandelt wirst." Höbel schreibt schließlich: „In der ersten autorisierten Williams-Biographie *Feel*, für die ihn der britische Journalist Chris Heath zwei Jahre lang fast ständig begleiten durfte, begegnet uns ein von bösen Geistern gepeinigter Mann."

Und noch einmal Matussek: „Stars vertreiben die Einsamkeit … Was Groschenpresse, Fernsehen und Internet bewerkstelligt haben, ist eine ständig wachsende Durchlaufgeschwindigkeit an Berühmtheiten. Ständig ist Götzendämmerung*, und immer nervöser suchen wir nach neuen Vorbildern. Götzen werden gebraucht in säkularen Zeiten. Je verwechselbarer der Einzelne wird, desto mehr sehnt er sich nach dem Unverwechselbaren. Die Tröstung durch Religion in früheren Zeiten bestand ja darin, dass sie dem Einzelnen das Gefühl der Einzigartigkeit vor Gott gab. Nun ist die Religion aus dem Alltag verschwunden und mit ihr das Gefühl des Angesprochenseins. Das Göttliche fehlt. Doch es hat einen Mangel zurückgelassen, eine atavistische* Andachtssehnsucht und gestaltlos gewordene Frömmigkeit, die nach Befriedigung suchen. Die Kirchen sind leer, aber in unzähligen Haushalten gibt es Altäre für [vielfältige Stars, wie zum Beispiel auch] Robbie Williams und Schreine für [Leute wie] Britney Spears. Letztere, selbst Kunstprodukt, hat[te vor einigen Jahren] eine ganze geklonte Armee kreiert, in der Starlets und Gefolgschaft nicht mehr auseinanderzuhalten [waren] … Unser Verhältnis zum Ruhm also ist zynisch geworden. Es ist das Zeitalter einer ewigen Götzendämmerung, in der wir unglücklich aufgeklärt zu den bunt bemalten Lampions hinaufschauen, die wir selbst aufgehängt haben, und uns für eine Weile einbilden, sie seien die Sonne und vertrieben uns die Angst vor Einsamkeit und Nacht. Das ist das, was wir heute Ruhm nennen – eine schnell erlöschende Angelegenheit."

Dass Ruhm eine schnell vorübergehende Angelegenheit ist, können wir auch anhand der oben angeführten Begebenheit von vor beinahe 2000 Jahren sehen. Wir sahen, dass Paulus und Barnabas versuchten, den Menschen bewusst zu machen, dass sie sich von ihren Idolen abwenden sollten. Sie sollten zu dem lebendigen Gott umkehren und nicht auch noch sie zu ihren Idolen machen. Vor seiner eigenen Bekehrung* hatte Paulus die Jünger Jesu verfolgt und ihre Tötung legitim gefunden; kurz nach seiner Umkehr sagte Jesus Christus: „Dieser ist mir ein auserwähltes Werkzeug, meinen Namen zu tragen sowohl vor Nationen als Könige und Söhne Israels. Denn ich werde ihm zeigen, wie vieles er für meinen Namen leiden muss" (Apostelgeschichte 9,15–17). Da Paulus das Leben nach göttlichen Maßstäben mehr wert war als alles andere, wählte er bewusst diesen Weg und lehnte es folgerichtig später ab, als Idol verehrt zu werden. In seinem Brief an die Römer schreibt er, dass die Menschen sich lieber für vergängliche Idole begeistern, als den ewigen Gott zu ehren. Die Folgen seien ethischer und moralischer Verfall: Lüge, Gewalt, Untreue und Perversion (vgl. Römer 1,18–32).

Für den Kunsthistoriker Jacob Burckhardt ist der Wille zum Ruhm Kennzeichen des „modernen Bewusstseins". Sicher befürchten viele Menschen – meist wahrscheinlich unbewusst –, ziemlich uninteressant zu sein, und so streben sie nach Ruhm. Aber dieser hat ein Doppelgesicht, da so alt wie der Wunsch nach Ruhm auch der Neid ist, den er auslöst. Und es gibt kaum einen Berühmten, der nicht davon träumt, noch berühmter zu werden. Die meisten wünschen sich auch, dass der Ruhm nach dem Tod erhalten bleibt und somit eine gewisse Unsterblichkeit garantiert. Dieses Problem hängt auch mit dem modernen Säkularismus zusammen. Er sagt, dass wir unsere Identität finden können, wenn wir nach innen schauen und uns von allem anderen lösen. „Die Botschaft unserer Kultur lautet: Such dir Bestätigung bei anderen."

Eine andere Form des Ruhms heutzutage ist die schiere Bekanntheit. Um dazu zu gelangen, scheuen einige vor kaum etwas zurück. Und eine riesige Industrie beschäftigt sich damit, aus Menschen Idole zu machen (zum Beispiel auf Instagram oder YouTube). Der Soziologe Sieghart Neckel schreibt: „Die Medien … sind allein ein besonders auffälliges Beispiel dafür, dass immer mehr Lebensbereiche ausschließlich durch Angebot und Nachfrage gesteuert werden. Das Diktat der Quote zwingt dazu, bedingungslos um Aufmerksamkeit zu kämpfen; also werden tatsächlich alle Mittel durchprobiert. Für den Einzelnen heißt das: Ich muss weniger etwas können, als mich gut vermarkten. Eine Form solch neuartiger Bewährungsprobe ist es, darauf zu setzen, dass man als Medientyp öffentlich ankommt."

Stars sind aber nicht ewig interessant. Aufmerksamkeit bekommen sie nur so lange, wie zahlende Zuschauer sie anschauen wollen; nur so lange, wie sie etwas repräsentieren, das diese anspricht, anrührt oder aufwühlt. Die Zuschauer machen – nach der Vorauswahl Hollywoods – Stars aus denen, die ihnen etwas bedeuten. Darum sind Stars Kreaturen ihrer Zeit, und sie vergehen meist mit ihrer Zeit.

Wenn Johannes in der Bibel vor den „Götzen" (1. Johannes 5,21) warnt, dann deshalb, weil er wusste, welche Folgen es für die Persönlichkeit bzw. das Glaubensleben haben kann, wenn man solche verehrt. Ein Beispiel für unangemessene Verehrung liefert der König Herodes. Als er einmal eine öffentliche Rede hielt, rief das Volk ihm zu: „[Das ist] eines Gottes Stimme und nicht eines Menschen! Sogleich schlug ihn ein Engel des Herrn, dafür, dass er nicht Gott die Ehre gab; und von Würmern zerfressen, verschied er" (Apostelgeschichte 12,22.23).

Bei vielen Stars ist Aufmerksamkeit massenhaft garantiert. Dass dies aber letzten Endes nichts nützt und weder dieser Lebensstil noch Verehren oder Verehrtwerden zu einem sinnerfüllten Leben führt, zeigen viele Beispiele. Im

Anschluss an seine Einleitung (s. o.) schreibt Höbel über Sinatra: „Und trotzdem war der Held offensichtlich ein verschreckter, gebrochener Mann." Auch die Berichte über Williams lassen erkennen, dass er von einem erfüllten Leben weit entfernt ist.

Was etwas nützt, ist Aufmerksamkeit im Himmel. Man merkt dort aber nicht nur auf, sondern man freut sich, wenn *ein* Sünder umkehrt (Lukas 15,7). Und die Aufmerksamkeit dort sieht beispielsweise so aus: „Die Augen des HERRN durchlaufen die ganze Erde, um denen treu beizustehen, deren Herz ungeteilt auf ihn gerichtet ist" (2. Chronika 16,9).

Wessen Aufmerksamkeit ist uns am meisten wert, und wem schenken wir unsere?

Anhang 2: Johannes Gutenberg:
Der Buchdruck – seine geniale Erfindung

Wussten Sie schon, …

… dass Johannes Gutenberg als „Mann des Jahrhunderts", „Weltveränderer" und „eine der wichtigsten Personen des zweiten Jahrtausends" bezeichnet wird?

Mit seiner Erfindung des modernen Buchdrucks revolutionierte er um 1450 die Entwicklung der Medien- und Kulturgeschichte weltweit. Besonders waren dabei vor allem die beweglichen, wiederverwertbaren Lettern aus einer Blei-Antimon-Zinn-Legierung. Von nun an konnten Ideen und Wissen maschinell vervielfältigt werden. Dies veränderte in kürzester Zeit alle westeuropäischen Zivilisationen nachhaltig. So konnten auch Schichten der Bevölkerung an Bildung teilhaben, die bisher davon ausgeschlossen gewesen waren. Und auch durch die Technik des Holzschnitts wurde fortan Wissen verbreitet, das vorher nur wenigen Gebildeten zugänglich gewesen war.

… dass man schon im 6. Jahrhundert in Asien Texte – zunächst im Holzschnitt – im Druck vervielfältigen konnte?

In Europa kopierte man noch mehr als tausend Jahre lang Bücher von Hand. Meist übernahmen dies klösterliche Schreibstuben, ab dem späten Mittelalter dann auch professionelle Schreiber und Buchmaler. Die Erfindung Gutenbergs gewährleistete eine ungleich schnellere und wirtschaftlichere Herstellung. So bewirkte das neuartige technische Verfahren eine Medienrevolution, eine Wissensexplosion, die sich auf der ganzen Welt verbreitete und die die gesellschaftliche Kommunikation bis in unsere heutige Zeit bestimmt. Auch die Reformation konnte sich dadurch schnell in Europa ausbreiten.

... dass Johannes Gutenberg um 1400 in Mainz geboren wurde?

Er erhielt zunächst den Namen Henne Gensfleisch zur Laden. Sein Vater, Friele Gensfleisch, gehörte zu den Mainzer Patriziern. Seine Mutter, Else Wirich, stammte aus einer Kaufmannsfamilie. Vermutlich besuchte er als Patriziersohn eine Lateinschule und absolvierte ein Studium, denn seine späteren Tätigkeiten setzen eine umfassende Bildung und wohl auch Lateinkenntnisse voraus.

... dass er in Straßburg in den 1430er Jahren bereits erste erfinderische und unternehmerische Tätigkeiten begann?

In erhaltenen Dokumenten ist von einer Presse die Rede, von Formen und Gezeug, Blei und anderem. Es ist denkbar, dass Gutenberg schon in Straßburg das Drucken mit einer Presse und beweglichen Lettern entwickelte oder jedenfalls vorbereitete.

... dass das Abdrucken von Holzdruckstöcken auf Papier in Europa bereits seit dem späten 14. Jahrhundert bekannt war?

Auch Spindelpressen als Öl-, Wein- und Papierpressen gab es hier schon vor Gutenbergs Zeit. Dessen Konzept ging aber einen entscheidenden Schritt über das einfache Drucken mit einer umgebauten Weinpresse hinaus. Es gründete sich darauf, dass jeder Text in seine Einzelelemente zu zerlegen ist: in Buchstaben, Zahlen und Satzzeichen. Es ging darum, ein Verfahren zu finden, das eine Mengenproduktion dieser Lettern ermöglichte. Ein einwandfreier Druck der daraus zusammengesetzten Texte und eine Wiederverwendung der Lettern sollte gewährleistet sein. Material-, aber auch platzsparend sollten sie ebenfalls sein.

... dass es mehrere Jahre dauerte, bis alle Details perfektioniert waren?

Die Schritte zur Verwirklichung bestanden in der präzisen Fertigung der einzelnen Buchstaben und Zeichen. Es waren in Größe und Stil einheitliche Stempel, die in hartes Metall graviert wurden. Jeder dieser Stempel konnte nach Bedarf und so oft wie nötig in ein weicheres Metall senkrecht spiegelbildlich eingetieft werden. So wurde eine Negativform, die Matrize, gefertigt. Sie bestand aus einem rechteckigen Körper aus Kupfer oder einem ähnlich weichen Metall, in ein Hand-Gießgerät eingebaut und mit flüssigem Metall ausgegossen.

... dass Gutenberg 1448 wieder in Mainz ansässig war?

Hier richtete er eine erste Werkstatt im Gutenberghof ein. Zur Geldbeschaffung schloss er mit dem wohlhabenden Kaufherrn und Advokaten Johannes Fust einen Vertrag. Dieser lieh ihm zweimal 800 Gulden. So konnte er eine noch größere Werkstätte kaufen und die bis heute berühmte 42-zeilige Bibel in lateinischer Sprache drucken.

… dass Gutenberg einen wichtigen Prozess gegen Fust verlor?

Es kam zu einem Streit zwischen Gutenberg und Fust, der das Geld zurückverlangte. Gutenberg unterlag vor Gericht. Er musste seine Bibelwerkstatt an Fust abgeben. Dieser führte die Werkstatt dann mit einem Mitarbeiter Gutenbergs weiter. Gutenberg zog sich finanziell ruiniert in die verpfändete Werkstatt in seinem Elternhaus am Gutenberghof zurück. Hier druckte er dann weitere bekannte Werke und entwarf unterschiedliche Schriftarten.

… dass Gutenberg 1468 in seiner Heimatstadt Mainz starb?

Seine letzten Lebensjahre verliefen turbulent. So wurde er zum Beispiel 1462 mit vielen seiner Mitbürger vorübergehend aus Mainz vertrieben. Er fand in Eltville Zuflucht, wo er sich an der Errichtung einer Druckerei beteiligte.

Am 17. Januar 1465 wurde er für seine Verdienste von Erzbischof Adolf von Nassau zum Hofmann ernannt. Mit Privilegien und Naturalleistungen ausgestattet, kehrte er nach Mainz zurück. So konnte er seine letzten Lebensjahre bis zu seinem Tod im Februar 1468 ohne äußere Nöte verbringen.

… dass Gutenbergs unbestrittenes Meisterwerk die 42-zeilige Bibel ist?

Als Krönung von Gutenbergs Druckkunst ist die 42-zeilige Bibel anzusehen. Das zweibändige Werk mit insgesamt 1282 Seiten entstand um 1454 in der Blüte seines Schaffens mit Hilfe von etwa 20 Mitarbeitern. Für diese Bibel goss

Gutenberg 290 verschiedene Figuren. Die farbigen Initialen und Zeichen wurden später eingefügt. Von den 180 Exemplaren waren vermutlich 150 auf Papier und 30 auf kostbarerem Pergament gedruckt.

Mit dieser Bibel, die bis heute zu den schönsten gedruckten Büchern der Welt gehört, bewies Gutenberg, dass der Druck den Handschriften ästhetisch gleichwertig war. Heute existieren noch 49 Exemplare.

... welche Bedeutung die Bibel für die Menschen heute hat?

„Ich glaube, dass die Bibel allein die Antwort auf alle unsere Fragen ist und dass wir nur anhaltend und demütig zu fragen brauchen, um die Antwort von ihr zu bekommen" (Dietrich Bonhoeffer).

„Wichtig ist, die Bibel vom Lesebuch zum Lebensbuch werden zu lassen. Mir ist sie jeden Tag eine Neuerscheinung, denn die Nachrichten von heute sind morgen schon von gestern, die Bibel bleibt brennend aktuell" (Peter Hahne).

Anhang 3: Lessings *Nathan der Weise* und der „Fragmentenstreit"

Ein zentraler Streitpunkt zur Zeit der Aufklärung war der sogenannte Fragmentenstreit zwischen dem damals bekanntesten Schriftsteller Gotthold Ephraim Lessing (1729–1781) und dem Hamburger Hauptpastor Johann Melchior Goeze (1717–1786).

Als Lessing Bibliothekar in Wolfenbüttel war, hatte er von den Kindern des verstorbenen Hamburger Orientalisten Hermann Samuel Reimarus (1694–1768) Teile von dessen Schriften erhalten, die er unter dem Titel *Fragmente eines Ungenannten* veröffentlichte und durch eigene Kommentare ergänzte. Die letzten Fragmente hatten den Titel *Ein Mehreres aus den Papieren des Ungenannten, die Offenbarung betreffend.* Diese entfesselten einen theologischen Streit, in dem sich Johann Melchior Goeze als Lessings härtester Gegner herausstellte. Das Manuskript von Reimarus spiegelt den Angelpunkt der theologischen Kontroverse des 18. Jahrhunderts wider: Es ist der Gegensatz von emanzipierter* Vernunft und Glauben, der sich im absoluten Wahrheitsanspruch der christlichen Offenbarung manifestiert*. Die protestantischen Theologen, die sich dem Zeitgeist anpassten, versuchten Vernunft und Glauben durch die Preisgabe dogmatischer* Positionen zu versöhnen. Demgegenüber verteidigte die orthodoxe* Theologie das offenbarte Wort der Heiligen Schrift kompromisslos. Reimarus' Hauptkritik der Heiligen Schrift betraf sowohl den Offenbarungscharakter der Bibel als auch die Glaubwürdigkeit der Evangelien. So behauptete er zum Beispiel, die Jünger hätten den Leib Jesu gestohlen. Der aus den Veröffentlichungen entstandene „Fragmentenstreit" zwischen Lessing und Goeze endete damit, dass Lessing im Juli 1778 durch einen Kabinettsbefehl verboten wurde, weitere Fragmente herauszugeben. Um dieses Verbot zu umgehen, schrieb er das Schauspiel *Nathan der Weise*, das 1779 im Druck erschien.

Lessings Weltanschauung wird bereits in der 1752 entstandenen Schrift *Rettung des Hieronymus Cardanus* deutlich, in der eine Person die Vernunft des Islam lobt und am Christentum unter anderem den Wunderglauben kritisiert. Der Islam stimmt nach Lessings Meinung dagegen mit der „allerstrengsten Vernunft" überein, was zur Folge habe, dass der Mensch als Vernunftwesen nicht anders könne, als den Islam als vernünftige Religion anzuerkennen.

Was Lessings Suche nach Wahrheit betrifft, so war er mehr an dem (vermeintlichen) Weg dorthin interessiert als an der Wahrheit selbst. Goethe vergleicht Lessings Wahrheitssuche mit der der Muslime, die von der Annahme ausgeht, es gebe mehr als eine Wahrheit. Dass es mehr als eine Wahrheit gebe, ist auch unter anderem die Botschaft des Dramas *Nathan der Weise*. Die Tatsache, dass Lessing die Christen in dem Stück sehr schlecht wegkommen lässt, liefert ein weiteres Indiz dafür, dass *Nathan der Weise* ein pro-islamisches Stück ist, also kein Aufruf zu „christlicher" Toleranz, wie manche behaupten.

In diesem Zusammenhang dürfte es ganz interessant sein, dass Goethe wegen seiner Vernetzung von westlichem und östlichem Denken als einer der einflussreichsten Vorläufer des New-Age-Denkens* gilt. Seine Vorliebe für östliche Religiosität zeigt sich hauptsächlich in seinem Werk *West-östlicher Divan*, aber auch in seinen Gesprächen mit seinem Sekretär Eckermann. Dort behauptet er, in uns allen sei etwas vom muslimischen Glauben, selbst wenn er uns nicht gelehrt worden sei. Auch lobt er, dass die Muslime zuerst einmal zum Zweifeln angeleitet würden.

Dadurch werde der Geist zu weiteren Untersuchungen getrieben. Wenn dies auf vollkommene Weise geschehe, gehe daraus die Gewissheit hervor. Diese sei dann das Ziel, in dem der Mensch seine völlige Beruhigung finde.

Anhang 4: Kritisches zur 1968er-Bewegung

In den 1960er Jahren gingen weltweit tausende Studenten auf die Straße. Protest war angesagt – gegen starre Strukturen, gegen den Vietnamkrieg, gegen die Sexualmoral, gegen die Nichtaufarbeitung des Nationalsozialismus und anderes. Unter der Chiffre „1968" ist diese Bewegung in die Geschichtsbücher eingegangen. Deshalb erschienen 2018 zum 50-jährigen Jubiläum unterschiedliche Publikationen und Filme darüber; auch Ausstellungen wurden organisiert. Der Tenor dabei war eindeutig, genau wie in Schulbüchern und anderen Veröffentlichungen: Es dominieren stark die positiven Aspekte, die kritischen sind dagegen kaum – und wenn, dann oft nur in Ansätzen – zu finden.[15] So soll hier einmal die Gelegenheit genutzt werden, vorwiegend kritische Stellungnahmen prominenter, kenntnisreicher Autoren zu referieren, um ein etwas differenzierteres Gesamtbild zu erhalten und besonders auf die unbiblischen Aspekte aufmerksamer zu werden.

Josef Kraus, ehemaliger Präsident des deutschen Lehrerverbandes und Berater in Bundes- und Landespolitik, fasst die Hauptlinien der 1968er-Bewegung folgendermaßen zusammen:

„Die 68er pflegten und pflegen einen Eklektizismus aus Kommunismus, Marxismus, Maoismus, Sozialismus, Egalitarismus, Hedonismus, Pazifismus, Feminismus, Internationalismus, Humanitarismus, Kulturrelativismus,

---

15 Vgl. aber Götz Aly: *Unser Kampf. 1968 – ein irritierter Blick zurück*, Frankfurt am Main (Fischer) 2008. Jan Fleischhauer: *Unter Linken. Von einem, der aus Versehen konservativ wurde*, Reinbek (Rowohlt) 2009. Wolfgang Kraushaar: *Die blinden Flecken der 68er-Bewegung*, Stuttgart (Klett-Cotta) 2018.

Multikulturalismus, neuerdings auch Ökologismus und Genderismus, das Ganze unterlegt mit vielen Anti-Ideologien: Anti-Faschismus, -Kapitalismus, -Amerikanismus, -Kolonialismus, -Klerikalismus, -Sexismus, -Nationalismus, -Patriotismus, -Elitismus, -Rassismus. Verschwiegen wird dabei, welche Schnittmenge es zwischen Sozialismus/Kommunismus/Marxismus und dem Nationalsozialismus gibt – nämlich die Schnittmenge, dass beides totalitär, antikirchlich, kollektivistisch, nihilistisch ist."

In der Bundesrepublik hatte die 1968er-Bewegung einen Sturmlauf auf die Institutionen zum Ziel, zum Beispiel auf Universitäten, Schulen, Gerichte, Parlamente, Verlage und Redaktionen. Die mehr oder weniger spontane Revolte der 60er Jahre, die zum Teil durchaus berechtigte Fragen an die Gesellschaft gestellt hatte, wurde so schließlich zu einer tiefgreifenden Kulturrevolution. Der Politikwissenschaftler und Philosoph Wolfgang Kraushaar, einer der besten Kenner dieser Zeit und Zeitzeuge, konkretisiert dies wie folgt:

„Es waren insgesamt fünf verschiedene Sphären, in denen der Angriff der Maximalisten auf die bürgerliche Gesellschaft vorgetragen wurde. Es war: 1. Ein Angriff auf die Struktur der bürgerlichen Gesellschaft: auf den bürgerlichen Staat als deren politisches Korsett, auf die bürgerliche Klasse als deren soziale und auf das Kapital als deren ökonomische Struktur. 2. Ein Angriff auf die Institutionen der bürgerlichen Gesellschaft: die Parlamente, die Justiz, die Banken, die Wirtschaftsunternehmen und insbesondere die Industriekonzerne. 3. Ein Angriff auf die Sozialisationsagenturen der bürgerlichen Gesellschaft: die Familie als deren Kernzelle, die Kindergärten, die Schulen und die Universitäten. 4. Ein Angriff auf Leistungs- und Reproduktionsmechanismen: die Aushebelung der Leistungsethik, die antiautoritäre Erziehung als Bruch mit dem bürgerlichen Wertekanon, die Sexualität ohne Zwang zur Fortpflanzung. 5. Ein Angriff auf die psychosoziale Charakterstruktur: ... die Idee einer allumfassenden Emanzipation des Individuums."

Hier müsste noch ergänzt werden, dass die Legalisierung der Abtreibung einen großen Stellenwert einnahm.

Die Folgen der Bewegung sind erheblich und haben das Erscheinungsbild unserer Gesellschaft nachhaltig verändert. Wolfgang Kraushaar urteilt: „Weder zuvor noch danach ist die Gesellschaft so grundlegend in Frage gestellt worden wie in jenem Jahr: Autorität, Ordnung, Gehorsam, Pflicht, Leistung, Zuverlässigkeit, Sauberkeit sowie Ethik und Moral insgesamt – der gesamte Kanon an sozialen Werten wurde auf den Prüfstand gestellt. Und das neue Schlüsselwort lautete ,Emanzipation' – die Loslösung aus ... Herrschaftsverhältnissen."

Die theoretische Grundlage für diese Bewegung lieferte die kritische Theorie der Frankfurter Schule, angeführt von Theodor W. Adorno, Max Horkheimer, Jürgen Habermas und vor allem Herbert Marcuse. Sie bestand aus einer Mischung von Ideen: der Aufklärung des 18. Jahrhunderts, dem Marxismus des 19. Jahrhunderts und der Psychoanalyse des frühen 20. Jahrhunderts.

Der Historiker Lutz E. von Padberg schreibt dazu: „Schon 1968 gab es erste Anzeichen für den Wandel der berühmt-berüchtigten außerparlamentarischen Opposition (Apo) in eine antiparlamentarische Fundamentalopposition. Diese predigte nicht nur den Klassenkampf, sondern setzte ihn in ihren Kommunen um und zielte durch ihr Programm der Emanzipation auf die Abschaffung des demokratischen Staates. Dieser wurde mit dem Etikett ,faschistisch' gebrandmarkt und zum Abschuss freige-

geben. Durch gezielte Aktionen ‚zivilen Ungehorsams'
gegen die ‚strukturelle Gewalt des Staates', die als legiti-
mer Widerstand gerechtfertigt wurden, meinte man eine
revolutionäre Situation herbeiführen zu können. Dann,
so glaubten zumindest die Intellektuellen, werde die Ar-
beiterschaft sich in Scharen mit ihnen solidarisieren, den
Umsturz herbeiführen und so das Paradies von Sozialismus und Kommunismus ermöglichen. Das trat nicht ein,
und so mussten die 68er ihre Strategie ändern. Nach dem
neugefundenen Konzept des Neomarxismus sollte nun
zuerst das Bewusstsein der Massen verändert werden.
Wenn die Leute nicht einsehen wollten, dass es ihnen im
Prinzip schlecht gehe und sie vom Staat ausgebeutet würden, dann müsse man es ihnen eben auf dem Weg über
die Erziehungsdiktatur beibringen. Der Leitbegriff dafür
lautete Emanzipation. Kaschiert als Demokratisierung aller Lebensbereiche, bedeutete dies nichts anderes als eine
Politisierung auch des privaten Lebens. Gezielt auf verschiedenen Ebenen ansetzend, wurden zunächst die Universitäten erobert als Brückenköpfe für den Kampf gegen
Staat und Gesellschaft. Es folgte der Versuch der Zerstörung der Familie als Kernzelle der bürgerlichen Gesellschaft mittels der sexuellen Revolution, der Schürung des
Generationenkonfliktes und der antiautoritären Erziehung. Hinzu kam der ‚Marsch durch die Institutionen',
verstärkt durch die Umwandlung von 68er Gruppen in
die Bewegungen des Feminismus und der Grün-Alterna-
tiven sowie deren erfolgreiche politische Etablierung. Die
ganze Geschichte gipfelt in der höchst erfolgreichen Zer-
schlagung des herkömmlichen Wertekanons der Gesellschaft, dem wohl augenfälligsten Beleg für den Siegeszug
der Emanzipationsbewegung."

Weiter stellt Padberg fest: „Die jüngere Generation verketzerte plötzlich die wertorientierte Demokratie als autoritär, der Sturm auf die traditionellen Strukturen begann. Folgen dieser Phase der Reideologisierung, die durch das Stichwort Emanzipation charakterisiert ist, sind Misstrauen jeder Autorität gegenüber, Streben nach absoluter Selbstbestimmung ohne Rücksicht auf die Solidargemeinschaft und das Vertrauen in visionäre Utopien sowie schließlich eine allmähliche Umwertung der Werte. Parallel dazu verlief eine erhebliche Veränderung der Gesellschaft durch die … Neustrukturierung der Öffentlichkeit durch das laufende Bild als Medium. Der gesamte Bereich von Ehe und Familie, von Erziehung und Bildung sowie die Beziehung der Geschlechter und Generationen zueinander haben sich seitdem erheblich verändert und die kulturellen Momente verlagert. Für alle in der Gesellschaft gleichermaßen verbindliche Verhaltensmuster gibt es nicht mehr, der individuellen Lebensgestaltung steht alles offen, mag es nach den herkömmlichen Vorstellungen auch noch so pervers erscheinen. Diese Situation hat sich selbst nach dem erneuten Klimaumschwung seit den 80er Jahren gehalten, der geprägt ist von der Ablösung der politischen Nüchternheit durch die Emotionalität und den Irrationalismus. Diese Tendenz hat sich in der sogenannten Postmoderne der 90er Jahre eher noch verstärkt."

Man kann hinzufügen, dass dies heute zum Beispiel in der Ideologie des Gender Mainstreaming, der Ehe für alle, der Abwertung der Frau als Mutter, der undifferenzierten Glorifizierung von deren Karrierestreben, dem hemmungslosen Ausleben des Individualismus/Egoismus usw. mündet.

Konkrete **Missstände** in unserer Gesellschaft, die sich mehr oder weniger direkt aus der 68er-Bewegung ergeben haben, sind nach Padberg zunächst „die Schädigung des Bildungssystems, weil man an den Universitäten zugunsten eines ideologischen Gleichheitsgedankens das Anspruchsniveau dramatisch gesenkt hat. Unterschiede der Begabung wurden zu Unterschieden der Sozialisation uminterpretiert und durch längere Studienzeiten wie Absenkung der Ansprüche wettgemacht ... Dazu gehören die verschiedenen Spielarten der Alternativkultur mit ihrer Sozialromantik einschließlich des Feminismus, der Naturmystik, des Esoterik-Zaubers und des übertriebenen Ökologismus. Die Vertreter dieser Richtungen treten übrigens meist in unerträglicher Weise mit dem pathetischen Anspruch des Weltgewissens auf und mit einer Empörungsbereitschaft, die bei ausländischen Beobachtern in der Regel nur Kopfschütteln hervorruft. Dazu gehört schließlich eine unübersehbare Sexualisierung des Alltags, bei der Medien wie Presse und Fernsehen eine höchst unselige Rolle spielen."

Es bleibt also festzuhalten, dass die 68er-Ideologie sich weithin durchgesetzt hat. Auch die Kirchen haben sich in etlichen Bereichen diesem Zeitgeist angepasst,[16] und auch in evangelikalen Gemeinden sind Auswirkungen festzustellen.

„Das Ergebnis dieser Entwicklung ist eine dramatische Orientierungslosigkeit", so Padberg. „Sie wird deutlich an drei Aspekten:

Erstens der Wertelosigkeit. Das falsch verstandene aufklärerische Denken hat den Wahrheitsbegriff aufgelöst. Wenn aber Wahrheit nicht an eine außerhalb des Menschen befindliche Norm gebunden ist, wird sie verfügbar und vom jeweiligen Denkstil abhängig.

---

16 Vgl. dazu Josef Kraus: „Die Politisierung der Kirchen hin zu Moralagenturen, vor allem die einseitige politische Positionierung von Kirchenleitungen, entfremdet die Gläubigen mehr und mehr von ihrer Kirche."

Zweitens die Gottlosigkeit. Wo einst die Glaubensüberzeugungen der Reformation galten, findet sich heute ein ideologischer Trödelmarkt, auf dem sich jeder nach Belieben versorgen kann. Der Verlust der Gottesorientierung führt indes zur Unsicherheit des Denkens. Daraus sucht der Mensch sich zu befreien, indem er sich selbst zum Gott erklärt. Der moderne Mensch ist der Weltenbaumeister, der sich seine Welt und seine Gesetze nach seiner Vernunft selbst schafft.

Drittens die Ratlosigkeit. Der Mensch wird mit seiner Rolle als Gott nicht fertig … In seiner Ratlosigkeit sucht er nach immer neuen Rezepten, wird dabei aber, weil er seine Grundlage nicht aufgeben will, immer wieder auf sich selbst zurückgeworfen. So entsteht eine unübersehbare Masse an Rhetorik des Zeitgeistes, aber keine wirkliche Hilfe. Da man sich überdies nur allzu gern den modernen Seelenführern anvertraut, konnte vielfach das verknorzte Weltbild der 68er zum Leitfaden der Politik werden. Gefallen tut das den meisten Zeitgenossen eigentlich nicht, aber dagegen aufzustehen wagen sie auch nicht."

Wolfgang Kraushaar meint dazu generell: „Wer begreifen will, wie es in einer Bewegung, die in quantitativer Hinsicht keineswegs zu den stärksten gezählt hat, gelingen konnte, die bundesdeutsche Gesellschaft tatsächlich zu verändern, der muss sich vor allem auf die seinerzeit angestrebte Umorganisierung des Privatlebens konzentrieren und seinen Blick auf die Kernzelle der Gesellschaft werfen – die Familie. Um die alte ‚unfreie' in eine neue ‚befreite' Gesellschaft transformieren zu können, lautete die damals unter den Protagonisten verbreitete Überzeugung, müsse man sie zuerst einmal in ihrer Grundformation, der als repressiv-neurotischer Zwangsverband angesehenen Familienstruktur, überwinden. Denn hier werde das ausgebrütet, was Theodor W. Adorno als den ‚autoritären Charakter‘ bezeichnet hatte, der sozialpsychologisch betrachtet den Faschismus überhaupt erst möglich gemacht habe. Der ‚autoritäre Charakter‘ war Adorno zufolge dadurch geprägt, dass er kein autonomes Ich auszubilden vermochte.“

Zu den Folgen der 68er zählt Kraushaar „die Ablösung eines sozialkritisch, zuweilen neomarxistisch geprägten, sich in der Tradition der europäischen Aufklärung begreifenden Denkens durch Theorien der Postmoderne, die ein von Zügen der Pluralisierung, der Virtualität und der Beliebigkeit bestimmtes Zeitalter einer entmoralisierten und verantwortungsarmen Individualisierung heraufbeschworen haben“.

Über Dieter Kunzelmann, einen der einflussreichsten Vertreter der 68er, stellt er in diesem Zusammenhang fest: „Sein Programm der Entwurzelung gefiel sich als Aufruf zur persönlichen Selbstbefreiung. In Wirklichkeit jedoch war es die radikale Abkehr von der Welt der bürgerlichen Kleinfamilie. Die Kehrseite bestand darin, dass … die aus ihrem sozialen Netz isolierten und von all ihren Sicherheitsbedürfnissen abgelösten Einzelnen zugleich die geeignetsten Objekte einer neuen Unfreiheit werden konnten, Objekte von Manipulation, Domestizierung und Gehirnwäsche durch einen selbsternannten Gruppen-Guru.“

Nach Josef Kraus ist der Linken die mephistophelische Devise eigen: „Alles, was besteht, ist wert, dass es zugrunde geht.“[17] Und: „Von der ‚Befreiung‘ durch die 68er war und ist die Rede, von mehr ‚Toleranz‘ gegenüber anderen Menschen, Völkern, Wertvorstellungen. Aber es war und ist bestenfalls die Toleranz eines ‚Nihilismus des Geltenlassens von schlechthin Allem‘ (Arnold Gehlen). Ferner

---

17 So die Teufelsfigur Mephistopheles in Goethes *Faust I*.

haben viele Andersdenkende die Erfahrung eines ‚linken Faschismus‘ und einer erschreckenden Intoleranz machen müssen, wie sie auch heute wieder von der ‚Antifa‘ praktiziert wird. Die 68er Enkelmentalität der ‚Political Correctness‘ definiert fünfzig Jahre später tagtäglich, was zu tolerieren und was nicht zu tolerieren ist. Dass die 68er Bewegung fünfzig Jahre Umerziehung zu verantworten hat, Bildungsabbau, ja Entgrenzung in allen Lebensbereichen bis hin zu Orientierungslosigkeit und Beliebigkeit, wird weniger artikuliert.“

Der Klassenkampf habe sich für die Linken „zum Geschlechterkampf gewandelt“. Eine der Strukturen, die es zu zerstören gelte, sei „für die 68er die monogame, bürgerliche Ehe. Sie galt es zu zertrümmern. Mit der ‚Gender‘-Ideologie wird die Ehe zwischen Mann und Frau generell in Frage gestellt, ja es wird postuliert, dass jeder/jede/jedes seine geschlechtliche Identität selbst bestimmen könne. Die Einteilung nach Mann/Frau sei willkürlich und mit Gewalt erzwungen ... Die Schaffung eines neuen Gender-Menschen ist inzwischen auch in Deutschland Politik nicht nur der Linken. Manche nennen das einen ‚rosa Sozialismus‘, manche einen staatlich und medial oktroyierten Feminismus. Die Bundesregierung steht da nicht zurück. Einen hohen zweistelligen Millionen-Betrag hat sie bereits ‚vergendert‘.“ Und „wenn es nach der Partei beziehungsweise Fraktion DIE LINKE geht, dann ist jede Kritik an ‚Gender‘ faschistisch[18] ... Es ist ein Kulturkampf, der sich hier abzeichnet. Dass das Grundgesetz

---

18 Der Begriff „faschistisch“ entfernt sich mittlerweile immer mehr von seiner ursprünglichen Bedeutung, da er von linken Parteien häufig als Kampfbegriff gegen Andersdenkende in unterschiedlichen Zusammenhängen eingesetzt wird.

Ehe und Familie unter den besonderen Schutz des Staates stellt und Erziehung ausdrücklich als das Recht der Eltern benennt, scheint nicht mehr überall zu gelten. Und nur noch mit Einschränkung scheint das Grundrecht auf freie Meinungsäußerung zu gelten. Jedenfalls kann derjenige nicht mit Toleranz rechnen, der sich gegen das repressive Toleranzverständnis und die Deutungshoheit der Protagonisten der Gender-Theorie stellt."

Weiter erwähnt Kraus noch, dass bei der typischen 68er-Partei „Die Grünen" die Absicht, Sex mit Kindern zu legalisieren, größer war als lange bekannt. Das grüne Parteiprogramm von 1980 habe hier eine weitgehende Legalisierung vorgesehen.

Was nun? Wir haben gesehen, dass in vielen Zusammenhängen Freiheit eingefordert wird, die Freiheit des Andersdenkenden dabei aber oft völlig ignoriert wird. So verwundert es auch nicht, wenn dies – wie zum Beispiel bei der Rote-Armee-Fraktion – auch radikale Formen annahm. Etliche der hier dargestellten Muster und Tendenzen gibt es in Grundzügen freilich schon seit Beginn der Menschheitsgeschichte immer wieder. Das sieht man zum Beispiel beim Volk Israel, besonders zur Zeit der Richter, als jeder tat, was er wollte (vgl. Richter 21,25), was schlimme Folgen mit sich brachte. Auch auf die Stimme der Propheten wollte man oft nicht hören, mit den bekannten negativen Konsequenzen. Dies sollte uns aber nicht demotivieren, sondern ermutigen, gerade in schwierigen Zeiten uns an biblischen Maßstäben zu orientieren und sie festzuhalten. Dabei gilt es, zeitgeschichtliche Phänomene wahrzunehmen und in einem größeren Zusammenhang, besonders aber auf biblischer Basis zu bewerten.

Beachten wir die folgenden Mahnungen säkularer Denker:

„Warum uns das Plötzliche oft überrascht? Weil uns das Allmähliche entging" (Otto Weiß).

„Gute Gesellschaften können Menschen überleben, die unmoralische Dinge tun. Aber eine gute Gesellschaft kann nicht überleben, wenn sie unmoralische Dinge als moralisch bezeichnet" (Dennis Prager).

„Wenn ein Unrecht lange genug hingenommen wird, hält man es schließlich für rechtens" (Thomas Paine).

„Wo der Liberalismus seine äußersten Grenzen erreicht, schließt er den Mördern die Tür auf" (Ernst Jünger).

Der Historiker Rolf Peter Sieferle schreibt mit Blick auf Europa und Deutschland von einem „gesinnungsethischen Rausch in den Untergang". Und schon der Apostel Petrus warnte vor denen, die im Irrtum leben: „Freiheit versprechend, während sie selbst Sklaven des Verderbens sind; denn von wem jemand überwältigt ist, diesem ist er auch als Sklave unterworfen" (2. Petrus 2,19).

Um es noch einmal zu betonen: Die 68er-Bewegung hat auch berechtigte Fragen an die Gesellschaft gestellt und manches mit Recht kritisiert – es gab vorher, wie in allen Zeiten, vielfältige Missstände und Probleme. Einige Vorstellungen haben sich auch von 1968 bis heute gewandelt oder verlagert. Fest steht aber, dass zentrale Anliegen dieser Bewegung mittlerweile nicht mehr nur bei den linken Parteien zu finden sind, sondern auch bei den meisten anderen. Und weil die Mehrheit der Journalisten und Künstler (ca. 80 %) Ideale der 68er vertreten, werden diese auch in den meisten Medien, Filmen und Romanen proklamiert.

Wenn in der Gesinnung der 1968er biblische Grundsätze skandalisiert, angegriffen oder verächtlich gemacht werden, dann macht Matthäus 18 die Konsequenz dafür deutlich. Dort wird das griechische Wort, aus dem im Deutschen der Begriff *Skandal* geworden ist, mit „Anstoß" oder „Ärgernis" übersetzt, und es wird ein massives Gericht über die angekündigt, die Unsichere negativ beeinflussen oder ihnen zusetzen und den eigentlichen Skandal, nämlich das wirklich Böse, forcieren oder nicht erkennen. Lassen auch wir uns warnen und unser Denken immer wieder von der Bibel in die richtige Richtung lenken (vgl. 2. Thessalonicher 2,11 und 2. Petrus 3,17).

Zitate entnommen aus:

- Josef Kraus: *50 Jahre Umerziehung. Die 68er und ihre Hinterlassenschaften*, Lüdinghausen/Berlin (Manuscriptum) 2018.

- Wolfgang Kraushaar: *1968*, Ditzingen (Reclam) 2018.

- Lutz von Padberg: „1968–1998: Bilanz nach 30 Jahren Emanzipation". In: *Bibel und Gemeinde* 99 (1999), Heft 1.

Glossar

Ablasshandel: „Ablass" ist ein Begriff aus der katholischen Theologie und bezeichnet einen von der Kirche geregelten Gnadenakt, durch den angeblich zeitliche Sündenstrafen erlassen werden können. Um zu Geld zu kommen, verkaufte die Kirche zur damaligen Zeit Ablassbriefe.

allgemeines Priestertum: Die Menschen können persönlich direkt zu Gott kommen (ohne Priester).

Apologet: Verteidiger

Areopag: ein dem griechischen Kriegsgott Ares geweihter Hügel in Athen, wo sich auch der athenische Gerichtshof befand

atavistisch: primitiv, einem früheren Stadium der Menschheit entsprechend

Atheismus: Weltanschauung, die die Existenz Gottes leugnet

autonom: unabhängig

Bekehrung: sich von den bisherigen Vorstellungen über Gott abwenden, ihm seine Sünden bekennen und Jesus Christus als Retter und Herrn annehmen

Buße tun: innerlich umkehren, umdenken, seinen Sinn ändern

dekonstruieren: zerlegen, auflösen

Demontage: Beseitigung von etwas Bestehendem

Deportierte: Verschleppte, Verbannte

Destruktion: Zerstörung

Destruktivität: zerstörerische Art und Handlungsweise

dezidiert: bestimmt, entschieden

diffus: unklar

Dogma (dogmatisch): verbindliche Glaubensaussage

Edikt: Erlass von Kaisern und Königen

Emanzipation: Befreiung aus einem Zustand der Abhängigkeit

emanzipiert: hier: unabhängig

existenziell: das Dasein, die Existenz betreffend

Gemeinde: hier: Gläubige, die an einem bestimmten Ort zusammenkamen

Götzendämmerung: Anspielung auf „Götterdämmerung": in der germanischen Mythologie der Untergang von Göttern und Welt vor dem Anbruch eines neuen Zeitalters

Historiker: Geschichtswissenschaftler

Hysterie: Überspanntheit

Ideologie: System einer Weltanschauung

Individuum: Mensch als Einzelwesen (in seiner jeweiligen Besonderheit)

induktiv: vom Einzelnen zum Allgemeinen hinführend

Inspiration: Den Menschen wurde von Gott eingegeben, was sie schreiben sollten.

irrational: vernunftwidrig

Jukebox: Musikautomat

Ketzer: jemand, der eine andere Meinung als die Kirche vertrat und deswegen bestraft wurde

Klerus: hier: Amtsträger der katholischen Kirche

komplex: vielschichtig

Konfession: Glaubenbekenntnis/Bekenntnisgruppe

Konjunktur: Boom, Aufschwung

Konsens: Übereinstimmung der Meinungen

Kreationismus: Glaube an die historische Richtigkeit und Zuverlässigkeit des biblischen Schöpfungsberichts

Kult (kultisch): Verehrung, Form der Religionsausübung

Lethargie: Zustand körperlicher und seelischer Trägheit

manifestieren: hier: deutlich werden

Materialismus: philosophische Position, die alle Vorgänge und Phänomene der Welt auf Materie und deren Gesetzmäßigkeiten und Verhältnisse zurückführt. Auf die Frage „Was ist?" antwortet der Materialismus: nur Materie. Er geht also davon aus, dass auch Gedanken und Ideen Erscheinungsformen der Materie sind bzw. auf solche zurückgeführt werden können. Er versucht, dem Menschen die ihn umgebende Welt und die in ihr ablaufenden Prozesse ohne geistige bzw. immaterielle Elemente zu erklären, wie beispielsweise Gott, dessen Existenz sich mit der Methodik der Naturwissenschaft, insbesondere dem Experiment, nicht überprüfen lässt.

maximieren: bis zum Höchstmaß steigern

Moralbegriffe: Auffassungen/Vorstellungen von Moral

Mythen: hier: erfundene Erzählungen

New Age: Neues Zeitalter als Inbegriff eines von verschiedenen Forschungsrichtungen und alternativen Bewegungen vertretenen neuen, ganzheitlichen Weltbildes

Orakel: Ort, wo bestimmte Personen (Priester, Seherinnen) „Weissagungen" verkündeten oder rätselhafte bzw. mehrdeutige Aussagen über etwas machten

orthodox: rechtgläubig, strenggläubig

Paranoia: geistig-seelische Funktionsstörung mit Wahnvorstellungen

Pessimismus (pessimistisch): Lebensauffassung von Menschen, die alles von der negativen Seite aus betrachten; philosophische Auffassung, nach der die bestehende Welt schlecht ist und eine Entwicklung zum Besseren nicht zu erwarten ist

Pluralismus: Vielfalt gleichberechtigt nebeneinander bestehender Meinungen, Ideen, Werte, Weltanschauungen usw.

Pose: auf eine bestimmte Wirkung abzielende Haltung

postulieren: behaupten, als wahr gegeben hinstellen

postum: nach dem Tod

potenziell: hier: denkbar, möglich

Prämisse: gedankliche Voraussetzung

Priestertum: → allgemeines Priestertum

Priesterzölibat: → Zölibat

rational: auf der Vernunft beruhend

Reichsacht: Ausschluss einer Person vom Rechtsschutz, wodurch sie vogelfrei wurde und der Willkür der Menschen ausgesetzt war

Religionsedikt: → Edikt

Resignation: entmutigter Verzicht

Säkularisierung (säkular): Verweltlichung, Lösung der Verbindungen zum Christentum

Scholastik: auf die antike Philosophie gestützte, christliche Dogmen verarbeitende Philosophie und Theologie des Mittelalters (etwa 9.–14. Jh.)

Selektion: Auslese und Fortentwicklung durch Überleben der jeweils stärksten Individuen einer Art

Simulation: Vortäuschung, Nachahmung

Synagoge: gottesdienstlicher Versammlungsort einer jüdischen Gemeinde

Synode: hier: Versammlung von Bischöfen unter Vorsitz des Papstes

Toleranzedikt: → Edikt

Überlegenheitspose: → Pose

ultimativ: nachdrücklich

verifizieren: durch Überprüfen die Richtigkeit einer Sache bestätigen

Zeitgeist: für eine bestimmte geschichtliche Zeit charakteristische allgemeine Gesinnung, geistige Haltung

Zölibat: religiös begründete Ehelosigkeit (der Männer)

Literaturhinweise

Gitt, Werner: *Wunder und Wunderbares,* Bielefeld (CLV) 2007. (Kann kostenlos heruntergeladen werden.)

Jost, Martin: *Sehn-Sucht Sinn*, Berneck (Schwengeler) 1994.

Kamphuis, Martin: *Buddhismus: Religion ohne Gott,* Bielefeld (CLV) 2014.

Keller, Timothy: *Warum Gott? Vernünftiger Glaube oder Irrlicht der Menschheit?* Gießen (Brunnen) 2013.

Keller, Timothy: *Glauben wozu? Religion im Zeitalter der Skepsis*, Gießen (Brunnen) 2019.

Klaus, Matthias: *Was sag ich, wenn …? Argumente für Glaubensgespräche,* Bielefeld (CLV) 2019.

Lennox, John: *Gott im Fadenkreuz. Warum der neue Atheismus nicht trifft,* Witten (SCM R. Brockhaus) 2016.

Lennox, John: *Hat die Wissenschaft Gott begraben? Eine kritische Analyse moderner Denkvoraussetzungen,* Wuppertal (SCM R. Brockhaus) [8]2019.

Lennox, John: *Wozu Glaube, wenn es Wissenschaft gibt?* Holzgerlingen (SCM R. Brockhaus) 2020.

Linnemann, Eta: *Was ist glaubwürdig – Die Bibel oder die Bibelkritik?* Nürnberg (VTR) 2008.

Linnemann, Eta: *Original oder Fälschung. Historisch-kritische Theologie im Licht der Bibel*, Bielefeld (CLV) 2010. (Kann kostenlos heruntergeladen werden.)

Linnemann, Eta: *Bibelkritik auf dem Prüfstand. Wie wissenschaftlich ist die „wissenschaftliche Theologie"?* Nürnberg (VTR) 2013.

Linnemann, Eta: *Wissenschaft oder Meinung? Anfragen und Alternativen*, Nürnberg (VTR) 2013.

MacArthur, John F. / Richard Mayhue / John A. Hughes (Hrsg.): *Verändertes Denken. Zurück zu einer biblisch-christlichen Weltanschauung*, Bielefeld (CLV) 2005. (Kann kostenlos heruntergeladen werden.)

Mangalwadi, Vishal: *Das Buch der Mitte. Wie wir wurden, was wir sind: Die Bibel als Herzstück der westlichen Kultur*, Basel (Brunnen) 2014.

McDowell, Josh / Bob Hostetler: *Die neue Toleranz. Wie eine neue kulturelle Bewegung Sie, Ihren Glauben und Ihre Kinder zu zerstören droht*, Bielefeld (CLV) 1999. (Kann kostenlos heruntergeladen werden).

Noebel, David A.: *Kampf um Wahrheit. Die bedeutendsten Weltanschauungen im Vergleich*, Gräfelfing (Resch) 2007.

Peters, Benedikt: *Weltreligionen. Judentum, Christentum, Hinduismus, Islam*, Retzow (Daniel) 2004.

Schaeffer, Francis: *Wie können wir denn leben? Aufstieg und Niedergang der westlichen Kultur*, Augustdorf (Betanien) [3]2018.

Schmidt, Alvin J.: *Wie das Christentum die Welt veränderte,* Gräfelfing (Resch) 2009.

Schnabel, Eckhard J.: *Sind Evangelikale Fundamentalisten?* Holzgerlingen (Hänssler) 2006.

Wegener, Günther S.: *6000 Jahre und ein Buch. Die Bibel – Biographie eines Bestsellers,* Wuppertal und Kassel (Oncken) [13]2001.

Rezensionen einiger Bücher oder auch weitere Buchhinweise zu einzelnen Themen auf www.jochenklein.de.

John C. Lennox

Wo ist Gott in dieser Welt?

Taschenbuch
72 Seiten
€ 2,90

(auch als Hörbuch lieferbar:
304.651, € 2,90)